이제는
알아야 할
저작권법

이제는 알아야 할 저작권법

정지우·정유경

마름모

추천의 글

이 책은 쉽게 읽을 수 있는 법학책이다. '쉬운 법학'을 표방한 수많은 법 관련 책들이 해내지 못한 그 어려운 일을 이 책이 해낸다. 일단 책을 읽기 시작하면 어느새 '2차적저작물', '공중송신권', '실질적 유사성' 등 태어나 처음 듣는 단어들을 무리 없이 읽고 있는 자신을 발견하게 될 것이다. 공동저작물의 판단 요건인 '공동창작 의사'를 부부의 '혼인생활 의사'로 설명하는 친근함, 복잡하기 이를 데 없는 NFT, 생성 AI에 대해 군더더기 없이 알아야 할 것만 알려주는 과단성, '증거를 확보'하라는 실증적 방안까지 제시하는 알찬 구성을 갖춘 이 책은 제목에서 제시한 목표를 충실히 이행한다. 무엇보다 "우리는 나를 사랑하게 된 만큼, 나의 창작물과 저작권을 사랑하게 되었다"와 같은 아름다운 문장을 발견하게 되는 의외의 기쁨만으로도 이 책의 가치는 충분하다.

_조채영 (한국저작권위원회 연구원, 법학박사)

정지우·정유경 변호사가 저작권 일타강사를 해도 좋을 만큼 저작권의 핵심 쟁점을 깔끔하고 일목요연하게 정리해놓았다. 법률 서적이면서도 어려운 법률 용어를 최대한 지양해 저작권 지식이 없는 일반 독자들도 쉽게 이해할 수 있다. 나아가 일상에서 마주하는 다양한 저작권 문제들을 주제별로 바로 찾아볼 수 있어 실용적이기까지 하다. 콘텐츠의 시대, 이 한 권의 책이 콘텐츠 창작자들의 강력한 무기가 될 것이다.

_이지은 (변호사, 법학박사, 디자인분쟁조정위원회 위원장)

사람들은 '콘텐츠'라고 하면 특정 개인이나 특정 회사만의 자산이라고 생각하는 경향이 있다. 하지만 저작권을 법으로 보호하고, 저작권의 보호 기간에 제한을 두는 이유는 다양하다. 그중 하나는, 콘텐츠를 인류의 공동 자산으로 보기 때문이다. 즉 일개 개인이 만드는 콘텐츠라고 해도, 그것이 가지는 사회적·경제적 의미가 있기에 법으로 보호해주는 것이다. 그렇기에 한 명의 시민으로서 저작권을 지킨다는 건 자신의 권리를 지키는 동시에 사회 전체의 지적 자산을 지키는 일이기도 하다. 그런 의미에서 이 책은 다소 어렵고 복잡하다고 느낄 수 있는 저작권법을 창작자의 관점에서 생생한 사례들과 함께 쉽고 재미있게 풀어낸다. 모두가 창작자가 되는 시대에 반드시 읽어야 할 책이다.

_윤성원 (뉴스레터 '썸원의 SUMMARY&EDIT' 운영자)

저작권은 우리 사회에서 오랫동안 그 보호가 미흡한 영역이었다. 사람들은 타인의 '물건'을 훔치면 안 된다는 것은 알고 있다. 즉 타인의 물건 등에 대한 '소유권'이 얼마나 중요한지는 많은 사람이 충분히 알고 있다. 그러나 저작권에 대해서는 여전히 명확히 인지를 못 하고 있다. 소유권은 우리가 대개 그것을 직접 가지고 있거나 그에 대한 징표(등기 등)를 가지고 있어서 주장하기가 쉽게 느껴진다. 그러나 저작권은 그렇지 않기 때문에 보호가 더 어렵다.

예를 들어, 내가 서점에서 책 한 권을 사면 그 책에 대한 소유권은 내가 갖게 된다. 그러나 그 책의 저작권까지 가지는 건 아니다. 여기에서 일종의 모순이 발생한다. '내 책인데 내 책이 아닌 것'이다. 그러나 가만히 생각해보면, 당연하다는 사실을 알 수 있다. 그 책은 '내 책'일 뿐만 아니라 그 책을 쓴 '작가의 책'이기도 하다. 그래서 우리는 '내 책'을 들고 작가에게 가서 작가의 사인을 받기도 한다. 그 이유는 작가가 그 책의 저작권자이기 때문이다.

다시 말해, 저작권에 대한 인식은 우리에게 보다 추상적인 사고를 요구한다. 세상에는 아무리 내 것이라 하여도 '완전히' 내 것이 아닌 것들이 있다. 특히 저작권이 있는 모든 물건은 내 것이지만 내 것이 아닌 측면도 있다. 눈앞에 보이는 사실만이 중요한 사회에서는 이런 인식이 폭넓게 받아들여지기 어렵다. 가령 원시 사회에서는 내 손에 들린 건 전부 '내 것'이라고 주장했을 것이다. 그러나 현대 사회에서는 내 손에 들린 것 속에도 타인의 권리가 있음을 '인식'해야 한다. 흔하게는 타인 소유의 자동차를 리스한 경우 등이 있을 텐데, 저작권은 그보다 더 추상적인 사고가 필요한 경우다.

저작권이 특히 중요한 것은 창작자를 보호하기 위한 권리라는 점이다. 창작자는 매우 취약한 지위에 있는 경우가 많다. 소유권만이 강조되는 세상이라면, 내가 쓴 소설이 대량으로 무단 복제되어 퍼지더라도 창작자는 아무런 손을 쓸 도리가 없을 것이다. 내가 그린 작품도 누군가가 사갔다는 이유로 이제 '자기 물건'이니 마음대로 자기 이름을 내걸고 전시하는 일도 생길 수 있다. 저작권은 단호하게 이런 일을 '해서는 안 된다'라고 못 박는다.

성숙한 문화 사회가 되어갈수록, 저작권 즉 인간의 창작 행위에 대한 보호는 점점 중요해질 수밖에 없다. 기본적인 의식주가 어느 정도 해결된 이후에, 우리는 무엇보다 풍요로운 문화적 경험을 갈망하게 되기 때문이다. 단순히 먹고 입고 자는 걸 넘어서, 아름다운 작품을 감상하고, 감동적인 이야기에 눈물 흘리고, 카타르시스를 느끼는 공연을 보며 삶의 가장 중요한 순간들을 채운다. 우리 사회도 이제는 저작권에 눈떠야만 하는 때가 되었다. 즉 누군가가 '창작했다는 사실(기억)'을 보호해야만 하는 때가 된 것이다.

특히 최근에는 우리나라의 음악, 드라마, 만화, 영화, 예능을 비롯해 이른바 K-콘텐츠가 전 세계를 강타하는 등 우리나라가 국제적으로도 문화강국의 지위를 공고히 하고 있다. 나아가 메타버스나 NFT, AI 등 디지털 세계에서의 저작권 문제가 매우 복잡하게 대두되고 있다. 블로그, 유트브, SNS 등 각종 1인 매체가 발달하면서 모두가 창작자인 시대가 되기도 했다. 모두가 자기 물건 하나쯤은 가지고 있듯, 자기 창작품 하나쯤은 가지게 된 세상이다. 저작권이 더욱 중요해질 수밖에 없는 시대인 셈이다.

이 책《이제는 알아야 할 저작권법》에서는 이와 같은

시대에 모든 사람이 꼭 알아야 할 저작권에 대해 최대한 쉽고 간명하면서도 다양한 논의들을 담고자 애썼다. 특히 기본적인 이론에 해당하는 1부와 다양한 사례에 해당하는 2부를 나누어, 누구나 체계적으로 저작권을 이해하고, 실제 사례에서도 대처 능력을 가질 수 있도록 촘촘하게 구성했다.

기존의 저작권 책들은 주로 이론에 치중하거나, 반대로 사례에만 치중한 경우가 많다. 그러나 이론에만 치중해서는 실제 사례에서 현실적인 적용이 어렵고, 반대로 사례에만 치중해서는 체계적인 지식을 알 수 없어 휘발성이 강하다. 이 책에서는 두 마리 토끼를 모두 잡아서 독자에게 건네야만 한다고 생각했다. 그래야만 책 한 권을 다 읽고 났을때, 독자가 저작권에 대한 지식을 제대로 얻을 것이기 때문이다. 나아가 그래야만 이 사회에도 저작권에 대한 인식이 제대로 자리 잡을 수 있기 때문이다.

차례

2부 저작권의 해결

1부

저작권의
원리

1

저작권,
왜 중요한가

　　바야흐로 콘텐츠의 시대다. 과거에는 인생이나 사회를 좌지우지하는 것들이 대부분 '물질(일종의 하드웨어)' 그 자체였다면, 이제는 점점 그 물질 위에 얹히는 '콘텐츠(일종의 소프트웨어)'가 핵심이 되고 있다. 한국이 세계적으로 주목받는 것은 과거처럼 단순히 선박이나 자동차, 반도체 등 제조업, 즉 '물질을 만드는 일'만 해서가 아니다.

그에 더불어 '물질 위'의 영역이라 할 수 있는 한국의 '문화 콘텐츠'가 전 세계로 퍼져나가고 있다. 싸이, BTS, 블랙핑크, 〈오징어게임〉, 〈기생충〉 및 그밖의 수많은 예술 작품과 콘텐츠야말로 우리 시대의 중심을 채우고 있는 것이다.

어떻게 보면 우리 사회에서 물질적인 문제는 많은 부분 충족되었고, 그 이상을 바라는 사회가 도래했다고 볼 수 있다. 이제 생존 차원에서의 의식주는 사람들이 열성적으로 관심을 기울이는 것이 아니다. 옷도 어떤 디자인과 유행의 옷을 입는가, 음식도 어떤 센스 있는 공간에서 나의 감성을 충족시켜주는 음식을 먹는가, 집이나 공간도 단순히 편안함이나 효율성보다는 얼마나 나의 감성을 충족시켜주는 창조적인 공간인가가 중요해졌다. 사람들은 생존 이상, 단순한 물질 이상의 것을 원한다. 다양하고 아름답고 창조적인 것을 누리길 바란다. 인생이란 마땅히 그런 '콘텐츠'에 몰두하는 것이다.

저작권은 바로 그러한 콘텐츠를 '창작한 행위'를 보호하는 권리다. 정확히 말하면, 문학 작품이나 영상, 음악 등 "인간의 사상 또는 감정을 표현한 창작물"을 창작한 사람이 가진 권리가 저작권이다. 저작권이 특별한 것은, 저작자가 저작권 등록을 하지 않더라도 창작과 동시에 자동적으로 저작물의 저작권자가 된다는 점 때문이다. 사실, 이처럼 우리가 한 어떤 '행위'가 보호를 받는 경우란 법의 세계에서도 드문 일이다. 민법 등 법의 상당 부분은 우리가 '소유한 것'을 보호하기 위해 제정되었다. 그러나 저작권은 그러한 소유권과 차별화된다. 우리의 소유인 땅이나 자동차, 금전 등은 우리가 그것을 '소유'하고 있기 때문에 소유권을 갖는다. 그러나 창작한 사람은 그것을 '창작'했기 때문에 그에 대한 권리를 갖는다.

저작권이 왜 중요한지는 어렵지 않게 이해할 수 있다. 우리는 거의 매일 영화, 음악, 유튜브, 넷플릭스, 소설, 웹툰, 모바일게임 등을 필사적으로 찾는다. 우리 인생을 그대로 옮겨놓은 듯한 영화에서 깊은 위로를 받고, 늦은 밤 잔잔한 음악 한 곡을 들으며 하루를 치유한다. 가장 견디기 어려운 시절에 매일 챙겨 보는 웹툰 하나가 인생을 살린다고 느끼기도 한다. 그것들이 없다면, 인생도 문화도 사회도 메마른 장작과 다를 바 없을 것이다. 문명이 발전하고 사회가 풍족해질수록, 사람들은 그러한 총체적 의미에서의 문화 또는 콘텐츠가 얼마나 소중한지를 생생하게 실감한다.

우리에게 그토록 소중한 인생의 일부를 건네주는 것이 바로 창작자들이다. 마치 무에서 유를 창조하듯이 그들은 허공에 무언가 반짝이고 눈물 나고 황홀한 경험을 주는 '콘텐츠'를 만들어낸다. 우리 모두는 그들의 '창조성'에 빚지고 있다. 창작자들은 바로 그렇게 무언가를 만들어내고, 표현하고, 그로써 누군가를 감동시키거나 누군가의 마음을 울리면서 자신이 '살아 있다'고 느낀다. 특히 창작자는 창작품 하나하나에 수많은 시간을 투여하고, 몸과 마음을 바쳐 자기만의 창작물을 만들어낸다. 그 일은 곧 그의 인생이기도 하며, 작품은 그에게 자식과 다름없다. 그렇게 그의 창작물은 다른 사람의 인생에서도 대체 불가능한 위치를 갖게 되기도 한다.

그렇기에 우리는 창작자의 권리에 '저작권'이라는 이름을 붙여 보호해야만 한다. 달리 말하면, 그것은 우리 모두의 사랑을 보호하는 일이기도 하다. 우리가 사랑한 것, 우리의 인생인 것, 우리가 그토록 원하고 좋아하는 것을 보호하는 일인 것이다. 사람은 위험천만한 전쟁터보다는 안전한 나라로 여행을 떠나고, 살인의 위험이 없는 곳에서 모험을 한다. 창작자들도 다르지 않다. 그들 또한 내가 온 인생을 바쳐 작품을 만들었을 때, 그것이 보호받는다는 확신이 있어야 창작의 모험을 한다. 그리고 그들의 모험은 곧 우리의 인생과 문화가 된다. 우리는 우리 모두를 위해 그들의 모험을, 그들의 권리를 지켜주어야만 하는 것이다.

저작권은
언제 생겨났을까?

―― 저작권의 역사는 인류 역사 전체에서 봤을 때 그리 길지 않다. 인간의 문명이 있는 곳이라면 대부분 법이 있었지만, 저작권은 극히 최근의 산물이다. 특히 15~16세기 무렵부터 유럽에서 인쇄술이 발달하면서 출판사들이 대량으로 책을 찍어내기 시작했는데, 출판사 입장에서는 특정 작품의 복제할 권리를 독점할 필요가 있었다. 그러지 않으면 다른 출판사들도 너도나도 작품을 복제해버릴 수 있고, 그럴 경우 애초에 작가나 작품을 발굴했던 출판사 입장에서는 손해가 막심할 수밖에 없다.

특히 당대 영국에서는 이른바 '해적판'이 수많은 중소 규모의 서점들에 널리 퍼지면서 그에 대한 대가가 작가에게 까지 이어지지 않는 경우가 많았다. 따라서 여러 인쇄물에 대한 제한의 필요성이 생기면서 세계 최초의 저작권법이라고 하는 '앤여왕법'이 만들어졌다.

여담으로, 당시는 셰익스피어가 활동했던 때로서 문화 영역이 폭발적으로 성장하며 활성화되던 시기였고, 상호 모방도 비일비재하게 이루어졌던 시기라는 평가가 있다. 다양한 창작품들이 넘쳐날수록 상호 영향을 주고받거나 모방하는 경우가 많아지면서, 저작권법이 더 필요해졌다고 볼 수 있다.

나아가 창작자들에게 '자기 작품'에 대한 의식이 발생한 점도 주목할 만하다. 그 이전에는 예술가들도 궁정에 소속되거나 귀족 또는 종교를 위해 그림을 그리거나 음악을 했을 뿐, 작품이 자기 영혼을 담은 '자기의 것'이라는 의식이 희박했다. 예를 들어, 중세시대 미술 작품들의 경우에는 누가 그렸는지조차 알 수 없는 경우가 상당수다.

그러나 소위 '근대'로 접어들면서 '나'라는 자아의식이 발달하기 시작했고, 예술가들도 창작품이 '자기의 것'이라는 의식을 강하게 갖게 된다. 모든 화가가 자기 그림에 서명을 넣기 시작하고, 작가든 작곡가든 자기 작품에 대한 강한 애착을 갖는다. 저작권은 개성 있고 유일한 '나'라는 존재가 중요해지면서 함께 나타난 산물이기도 한 것이다.

최근에는 무엇이든 '내 것'에 대한 관념이 매우 중요하고도 강해진 시대이다. 각자의 개성이 곧 자기 자신이라고 믿는 세상인 만큼, 나의 창작물에 대한 관심과 애착도 더욱 깊어졌다. 저작권이 중요한 시대란 곧 '나들'의 시대라고 해도 과언이 아니다. 우리는 나를 사랑하게 된 만큼, 나의 창작물과 저작권을 사랑하게 되었다.

더군다나 최근에는 유튜브나 블로그, SNS 등 1인 매체의 발달로 누구나 매일같이 '창작'을 하는 시대가 되었다. 우리가 쓰는 블로그 포스팅 하나, 유튜브에 올리는 브이로그 한 편에도 저작권은 발생할 수 있다. 그렇게 우리는 점점 더 저작권을 가까이하고, 누구나 저작권자이면서, 저작권이 더 중요해지는 시대를 살아가고 있는 것이다.

2

저작권은
무엇을 보호하는가

인간의 사상 또는 감정

저작권은 일련의 작품들, 즉 저작물들을 따라다니는 수호천사*와 같다. 저작물이 가는 곳이라면 어디든 따라가서 "저작물을 함부로 이용하면 안 됩니다!" 하고 소리치는 수호천사가 저작권인 셈이다. 최근에는 스마트폰이나 1인미디어의 발달로 콘텐츠를 창작하고 이용하는 일들이 폭발적으로 증가하면서 수호천사들이 무척 바쁜 시대가 되었다.

그렇지만 세상의 모든 작품이 저작권을 지니는 건 아니다. 당장 집에서 마음대로 만든 레고 집이라든지, 블로그에 적어둔 일기라든지, 소설을 쓰려고 수첩에 메모해둔 아이디어라든지 하는 것에 모두 저작권이 있는지 고민해볼 필요가 있다. 매일 누군가 사소하게 그리고 쓰고 만드는 그 모든 것들에 저작권이 존재한다면, 온 세상은 저작권 분쟁으로 가득할 것이다. 그렇기에 저작권법은 **"인간의 사상 또는 감정을 표현한 창작물"**을 '저작물'로 정의하여, 이러한 저작물에 한해 저작권을 인정하고 있다. 그러면 저작권으로 보호받을 수 있는 저작물이란 무엇을 말하는지 하나씩 살펴보자.

첫째, 저작물은 인간의 '사상 또는 감정'을 표현해야 하기 때문에 단순한 사실의 나열은 이에 해당하지 않는다. 대표적으로 언제 누가 어떤 범죄를 저질렀다든지 하는 단순한 사실의 나열에 불과한 시사보도 같은 경우는 저작권으로 보호받기 어려운 경우가 많다. 그래서 우리가 뉴스에서 어떤 정치인이 횡령 행위를 저질렀다는 사실을 보고, 그 이야기를 인터넷에 올리거나 다른 사람에게 전달하더라도 대개 저작권 침해가 아니다. 저작권법의 보호를 받기 위해서는 **'사실'이 아닌 '사상 또는 감정'을 담아야 한다.**

표현과 창작성

둘째, '표현'이라는 말에 주목해볼 필요가 있다. 무엇이 표현인가를 이해하려면 무엇이 표현이 아닌지를 알면 된다. 표현이 아닌 것은 '아이디어'다. 예컨대 대중을 대상으로 한 피아노 교습 방법이나 소설의 소재, 조리법 등은 대체로 그 자체만으로는 표현이 아니라 아이디어에 불과하기 때문에 저작물이 된다고 보기 어렵다. 즉 저작권은 아이디어가 구체적으로 표현되어야만 발생하는 것이다. 아이디어 단계에서는 수호천사가 아직 멀리서 지켜보고만 있다. 그러다가 비로소 아이디어가 구체적으로 '표현'되면, 나타나서 보호해줄지 말지 고민하기 시작한다. 우리는 흔히 '아이디어 도용'을 저작권법 위반이라고 생각하기 때문에, 이 부분에 주의할 필요가 있다. 저작권법은 **아이디어 자체를 보호하는 게 아니라 아이디어의 '창작적 표현'을 보호**하기 때문이다. 이를 저작권법에서는 '아이디어/표현 이분법'이라고 한다(참고로 아이디어 도용은 저작권법의 문제는 아니지만 '부정경쟁방지법'에 따라 처벌될 수 있다).

그러나 표현된 모든 것이 저작권을 지니는 건 아니다. 즉 인간의 사상 또는 감정을 표현한 작품 같은 것이 있다 하더라도, **'표현'한 것만으로는 부족하고 '창작성'이 있어야 한**

다. 가령 중년의 부부가 가정생활에서 불화를 겪다가 불륜으로 가정이 파탄난 이야기가 있다고 해보자. 이런 이야기는 매우 전형적이고 흔한 플롯이다. 법적으로 보면, 이런 플롯은 단순하고 추상적인 아이디어에 불과할 수도 있고, 혹은 창작성이 없는 전형적인 표현일 수도 있다. 이런 표현에까지 모두 저작권을 인정해버리면, 사실상 우리가 타인의 저작권을 침해하지 않고 자유롭게 창작할 수 있는 이야기가 너무도 제한되어버린다. 극단적으로 말해, '불륜 이야기'라는 이유만으로 저작권이 인정되면, 우리가 볼 수 있는 불륜 이야기란 세상에 단 하나밖에 없을 수도 있다.

창작성이란 '모방하지 않고 독자적으로' 만들어진 것으로, 최소한의 개성을 지닌 것을 의미한다. 즉 전형적인 플롯 자체는 독자적으로 만들어진 것이 아니므로 저작권이 인정되지 않는다. 하지만 전형적인 플롯에 나만의 아이디어를 더해, 나름대로 정신적 노력을 다하여 나만의 문장으로 한 편의 작품을 만들어냈다면, 그 작품은 창작성이 인정될 수 있다.

정리하자면, 저작권법은 단순한 사실이 아닌 사상 또는 감정을, 아이디어 차원에 머무른 게 아니라 표현하였을 경우, 모방한 게 아니라 그 독자적인 창작성이 인정된다면, 그 대상을 '저작물'로서 보호한다.

작품 제목은 저작물이 아니다
상표법과 부쟁경쟁방지법

━━━━ 작품의 제목이 저작물인지에 관해서는 꾸준히 논란이 되고 있다. 법원은 작품 제목이 인간의 사상 또는 감정을 충분히 표현한 것이라고 볼 수 없기 때문에 저작물로 볼 수 없다는 견해를 주로 내놓고 있다. 실제로 제목이 저작물로 인정된 사례는 단 하나도 없다.

유명한 사건으로는 〈내가 제일 잘 나가〉라는 노래의 저작권자가 〈내가 제일 잘 나가사끼 짬뽕〉을 상대로 저작권 침해 소송을 제기했던 경우가 있다. 이 사건에서도 법원은 "문구가 짧고 의미도 단순해 보호할 만한 독창적인 표현이 포함

됐다고 보기 어렵고, 독립된 사상·감정의 창작적 표현이라고 보기 어려워 저작물로서 보호받을 수 없다"고 판결했다.

그러나 이러한 판례가 앞으로 변경될 가능성도 없는 건 아니다. 대부분의 작품 제목들은 짧고 단순하지만, 경우에 따라서는 시 구절처럼 감정이나 사상을 절묘하게 담아내어 충분히 표현되었다고 인정될 수 있는 제목도 있을 것이다. 만약 그러한 제목이 재판정에 오른다면, 법원 또한 다른 판결을 내릴지도 모른다.

또한 제목이 비록 저작권법상 '저작물'로서는 인정받지 못하더라도, 다른 방법으로 보호될 수도 있다. 대표적으로 제목을 상표로 등록해서 **상표법**으로 보호받는 방법이 있다. 또한 부정경쟁방지 및 영업비밀보호에 관한 법률(**부정경쟁방지법**)이 작품의 제목, 즉 상품의 표지를 보호하고 있다. 특히 널리 알려진 작품의 제목이라면 꼭 저작권법이 아니더라도 부정경쟁방지법상 보호될 소지가 크다. 대표적으로 라디오 프로그램 〈별이 빛나는 밤에〉의 방송사에서 같은 제목의 뮤지컬에 대해 소송을 제기한 사건에서 법원은 배상 판결을 내리기도 했다.

3

저작물의
13가지 종류

일반적으로 저작권은 저작물을 창작한 사람에게 부여되는 권리다. 부동산이나 자동차의 소유권을 인정받으려면 많은 돈이 필요하지만, 저작물의 저작권을 인정받기 위해서는 창작을 하기만 하면 된다. 그래서 당장 누구나 저작권자가 될 수 있다. 지금 바로 그림을 그리거나 글을 써서 블로그에만 올려도, 최소한의 창작성만 인정되면 우리는 그러한 그림과 글의 저작권자가 된다.

이러한 저작물의 종류는 참으로 다양하다. 하나씩 간단하게 열거해보면 다음과 같다. 말과 글로 표현된 어문저작물, 음으로 표현된 음악저작물, 연극이나 무용 등 동작으로 표현된 연극저작물, 선과 모양 등으로 표현된 미술저작물, 건축저작물, 사진저작물, 영상저작물, 지도나 도표 등으로 표현된 도형저작물, 컴퓨터프로그램저작물, 원래 있던 저작물 등을 묶어놓은 편집저작물, 원본을 재창작한 2차적 저작물, 2명 이상이 함께 창작한 공동저작물, 법인 등의 명의로 공표되는 업무상저작물 등이 있다.

① 어문저작물(제4조 제1항 제1호)

② 음악저작물(제4조 제1항 제2호)

③ 연극저작물(제4조 제1항 제3호)

④ 미술저작물(제4조 제1항 제4호)

⑤ 건축저작물(제4조 제1항 제5호)

⑥ 사진저작물(제4조 제1항 제6호)

⑦ 영상저작물(제4조 제1항 제7호, 제2조 제13호)

⑧ 도형저작물(제4조 제1항 제8호)

⑨ 컴퓨터프로그램 저작물(제4조 제1항 제9호, 제2조 제16호)

⑩ 편집저작물(제2조 제18호)

⑪ 2차적저작물(제5조 제1항)

⑫ 공동저작물(제2조 제21호)

⑬ 업무상저작물(제2조 제31호)

법적으로 이러한 저작물들의 종류가 규정되어 있긴 하지만, 대부분은 법적 지식과는 무관하게 충분히 이해할 수 있다. 책이 어문저작물이고 노래가 음악저작물이라는 것을 이해하는 데는 별 어려움이 없다. 다만 2차적저작물, 공동저작물, 업무상저작물의 경우 그 개념을 명확하게 이해할 필요가 있다. 특히 최근에는 원작 소설을 드라마로 만드는 2차적저작물이라든지, 여러 명이 함께 창작하는 공동저작물, 회사에 소속되어 만든 표지 등 업무상저작물이 일상에 상당히 널리 퍼져 있기에 이에 대해 더욱 정확히 이해할 필요가 있다. 그밖에 다소 독특한 형태인 편집저작물에 대한 이해도 중요하다. 다음에서 편집저작물, 2차적저작물, 공동저작물, 업무상저작물에 대해 자세히 알아보자.

편집저작물

최근에는 문화 콘텐츠 분야에서도 갈수록 '편집'의 중요성이 더해지고 있다. 단순히 단일한 콘텐츠를 생산하는 것 못지않게, 다양한 데이터나 콘텐츠를 모아서 소비자에게 일목요연하게 전달하는 것 또한 매우 중요해지고 있는 것이다. 갈수록 세상에는 평생 다 소비해도 소비할 수 없을 정도의 콘텐츠가 쌓이고 있기 때문에, 많은 사람이 적절히 요약되거나 편집된 형태로 누군가 콘텐츠를 정리해주기를 바라기도 한다.

이렇게 타인의 저작물을 모으고, 축적하여, 편집하고, 요약하는 식으로 만드는 저작물은 2차적저작물이 될 가능성이 높다. 타인의 저작물을 새로운 저작물을 만드는 데 이용하는 것이기 때문이다. 그런데 경우에 따라서 이러한 저작물은 편집저작물로 취급될 수도 있다. 편집저작물이란, 여러 저작물 등을 모아서 편집한 집합체로서의 저작물이라는 뜻이다.

정확히 말하면, 저작권법은 '편집물'에 '편집저작물' 및 '데이터베이스'를 포함시키고 있다. 편집물이란 "저작물이나 부호·문자·음·영상 그밖의 형태의 자료의 집합물"을 말하는데, 편집저작물은 그러한 편집물 중 "그 소재의 선택·배열 또는 구성에 창작성이 있는 것"을 말한다. 데이터베이스는 "소재를 체계적으로 배열 또는 구성한 편집물로서 개별적으로 그 소재에 접근하거나 그 소재를 검색할 수 있도록 한 것"이다.

편집물	
편집저작물	데이터베이스
창작성 ○	창작성 ×
—	검 색 ○

복잡하게 느껴질 수 있지만, 예를 들어보면 간단하게 이해할 수 있다. 대표적으로 각종 기출문제를 수집하여 선택하고 배열하는 '시험문제집'의 경우가 편집저작물이다. 따라서 어떤 시험문제집의 문제들이 아무리 특정 시험의 기출문제들이라고 하여도, 그 선택이나 배열에 독창성이 있다면 편집저작물로 보호되므로, 다른 문제집에서 이러한 독창적인 배열 방식 등을 함부로 베껴서는 안 된다.

또한 인터넷 홈페이지의 경우에도 그 구성 형식이나

메뉴의 선택, 내용의 배열 등에 창작성이 있다면 편집저작물로 취급될 수 있다. 보다 흔하게는 신문 전면, 백과사전, 영어 단어장, 캘린더 등도 그 독창성이 인정된다면 편집저작물이 된다.

데이터베이스는 편집저작물과 거의 비슷한 개념이긴 하나, 차이점은 배열의 독창성 등이 없이도 보호받는다는 점이고, 검색 기능(전자적 방법이든 색인 찾기 같은 방법이든)이 있어야 한다는 점이다. 즉 데이터를 체계적으로 수집하여 배열·구성해놓은 전체 자료 그 자체가 집합물로서 데이터베이스의 권리를 지닐 수 있다. 다만 데이터베이스에는 '창작성(독창성)'이 요구되지 않으므로, 엄밀한 의미에서의 저작권과는 분리되나, 그러한 데이터의 수집 및 배열의 노력과 가치를 인정받아 그 나름의 권리를 지닌다고 볼 수 있다.

2차적저작물

2차적저작물은 최근에 크게 화두가 되는 부분이다. 특히 원작 웹소설이 웹툰으로 만들어지거나, 원작 웹툰이 애니메이션 또는 드라마로 만들어지는 경우 등이 매우 많아졌기 때문이다. 그에 따라 요즘 콘텐츠 업계가 'IP 확보'에 혈안이 되어 있다는 말도 심심찮게 들린다. IP란 원래 Intellectual property rights, 즉 우리말로는 '지식재산권'이라는 뜻인데, 사실상 콘텐츠 업계에서는 IP를 원작에 대한 '저작권' 일반이라는 의미에 가깝게 쓰고 있다. 그러나 엄밀히 말해, 저작권과 지식재산권은 동의어는 아니고, 저작권이 지식재산권에 포함되는 개념이다(☞ 74쪽 〈한눈에 정리하는 저작권〉). OTT 드라마나 영화로 만들기 위해 웹소설의 IP를 확보한다는 말은, 쉽게 말해 웹소설에 대한 저작권을 확보한다는 뜻이다.

그밖에 다양한 예능이나 오디션 프로그램 등에서 원곡을 편곡하여 새로운 가수가 부르는 경우도 많다. 말 그대로 '2차적으로' 원작을 다시 작성(재창작)하는 경우로, 법에서는 대표적으로 번역, 편곡, 각색, 영상 등의 방법으로 제작하는 경우 등을 들고 있다. 이와 같이 원작을 토대로 만든 새로운 저작물이 '2차적저작물'이다.

이렇게 탄생한 2차적저작물은 원작과는 별개의 저작물이 되고, 별개의 저작권을 지니게 된다. 즉 드라마가 웹툰을 바탕으로 제작된 경우, 드라마 역시 웹툰과는 별도의 저작물로 보호받을 수 있는 것이다. 그러나 원작이 따로 존재하는 한 원작과의 법적 관계를 고려하지 않을 수 없다. 그로 인해 저작권 관계가 복잡해질 수 있기 때문에 주의가 필요하다. 무엇보다도 2차적저작물을 작성할 수 있는 권리는 원저작물의 저작권자에게 있기 때문에, 다른 사람이 저작권자의 허락을 받지 않고 함부로 어떤 작품의 2차적저작물을 만들면, 저작권(2차적저작물작성권) 침해가 된다. 즉 어떤 작품을 2차적으로 재창작하려면 그 작품을 만든 원저작자의 동의를 얻어야 하고, 동의를 얻어 재창작한 2차적저작물은 재창작한 자의 새로운 저작물이 되는 것이다.

나아가 저작권법은 2차적으로 만들어진 저작물을 모두 보호하지는 않는다. 즉 2차적저작물이 저작권법의 보호를 받기 위해서는 먼저 **2차적저작물 자체로 인정받을 필요**가 있다. 가령 원곡이 있는데 가사를 한두 단어만 바꾼 경우라면, 독창성(창작성)이 인정되지 않아 2차적저작물로 인정받을 수 없다. 이는 저작권법의 보호 대상이 될 수 없는 복제품에 불과하다. 그래서 2차적저작물이 성립되기 위해서는 크게 2가지 요건이 필요하다.

① 원저작물을 기초로 만든 경우여야 한다. 이를 원저작물에 '의거'해서 만들어야 한다고 해서 **'의거성'**이라고 한다. 당연히 원저작물을 기초하지 않고 별도로 만든 저작물은 그냥 별도의 저작물이다. 2차적저작물은 반드시 원작이 있어야 하고, 그 원작을 기초로 만든 경우이다. 판례는 이에 대해 "원저작물을 기초로 하되 원저작물과 실질적 유사성을

유지"해야 한다고 보고 있어, 의거성에 더해 원저작물과 **'실질적으로 유사'**해야만 2차적저작물로 인정될 수 있다. 만약 원저작물에 의거해서 만들었다 하더라도, 원저작물과 실질적 유사성이 없으면 2차적저작물이 아니라 별개의 작품이 된다.

따라서 단순히 원저작물과 같은 사상을 공유하거나, 소재가 같거나, 주제가 비슷하다는 것만으로는 2차적저작물이 되지 않는다. 사상, 소재, 주제 등 그 자체는 아이디어에 불과하기 때문이다. 즉 이런 경우에는 독립된 저작물이 되고, 원저작물에 대한 저작권 침해, 특히 원작자의 2차적저작물작성권 침해가 되지 않는다.

② 2차적저작물로 인정받기 위해서는 **'창작성'**이 있어야 한다. 판례는 이에 대해 "사회통념상 새로운 저작물이 될 수 있을 정도의 수정·증감을 가하여 새로운 창작성이 부가되어야 하는 것이며, 원저작물에 다소의 수정·증감을 가한 데 불과하여 독창적인 저작물이라고 볼 수 없는 경우에는 저작권법에 의한 보호를 받을 수 없다"고 본다.

즉 원저작물을 기초로 하여 2차적저작물을 만들었다고 하더라도, 2차적저작물 자체에 창작성이 있어야만 2차적저작물이 될 수 있다. 그렇지 않고, 원저작물과 실질적 유사성만 있다면 이는 복제 또는 표절에 불과할 것이다. 2차적저작물은 원저작물과 실질적 유사성이 있기는 하지만, 그럼에도 불구하고 독창적이라고 할 만한 요소가 있어야만 인정될 수 있는 것이다. 이를 **'실질적으로 개변'**되었다고 표현하기도 한다. 유사하기는 하지만 완전히 똑같지는 않고, 새롭기는 하지만 완전히 다르지 않은 것이 2차적저작물인 셈이다.

복잡하게 설명한 것 같지만 지극히 상식적인 이야기일 수도 있다. 가령 흥성대원군 이야기를 다룬 A라는 소설이 있다고 해보자. 그런데 B소설이 흥성대원군 이야기를 다루었다는 것만으로는 2차적저작물도 아니고 표절도 아니다. 단순히 아이디어만 유사하기 때문이다. 그러나 B소설이 A소설의 인물 이름, 줄거리, 문장 등 거의 모든 요소를 그대로 베꼈다고 해보자. 이는 복제나 표절이다.

그런데 B소설이 A소설의 인물과 소재, 세계관 등을 차용하되, A소설에서 집중적으로 다루지 않은 주변 인물의 비하인드 스토리를 다루었다고 해보자. 이는 A소설과 실질적으로 유사하면서도 창작성이 있는 2차적저작물이라 볼 여지가 있다. 물론 이 경우 원저작물과 주된 스토리 등에서 차이가 크다면, 완전히 별개의 독립적인 저작물이 될 수도 있다.

공동저작물

　　요즘 사회문화적으로 큰 주목을 받는 상당수의 콘텐츠는 여러 사람이 공동으로 제작한 것이다. 전 세계적인 한류 콘텐츠인 K-POP이나 드라마, 영화 등을 한 사람이 만드는 경우는 거의 없다. 웹툰 같은 경우도 스토리 작가와 그림 작가가 함께 만드는 경우가 많고, 웹소설도 두 사람 이상이 함께 구상하여 창작하는 경우가 늘고 있다. 이처럼 두 사람 이상이 함께 만든 창작물의 경우, 제작자나 창작자들 간의 저작권 문제가 발생할 가능성이 항상 존재한다. 저작권법에서는 이처럼 공동으로 창작한 저작물을 '공동저작물'이라 정의하고 있다. 공동저작물에 해당하기 위해서는 다음과 같은 2가지 요건을 충족하면 된다.

　　① **2명 이상이 공동으로** 창작하여야 한다. 한 사람이 단순히 관리감독하거나 보조하기만 한 경우에는 함께 창작한 경우라 볼 수 없다. 직접 창작에 관여해야만 공동저작자로 인정받을 수 있다.

　　이와 관련하여 흥미로운 판례가 있다. 최근 웹툰의 경우 스토리를 만드는 스토리 작가와 그림만 그리는 그림 작가가 나뉘어 있는 경우가 많은데, 이 경우 웹툰이 2차적저작물인지 공동저작물인지 문제될 수가 있다. 왜냐하면 스토리 작가가 만든 스토리가 별도의 저작물로 존재할 경우, 이를 기반으로 그림을 그려 만화로 만들면 2차적저작물이 될 수도 있기 때문이다.

실제로 판례 또한 "만화 저작물의 경우 만화 스토리 작가가 만화가와의 사이에 기획 의도·전개 방향 등에 대한 구체적인 협의 없이 단순히 만화의 줄거리로 사용하기 위해 독자적인 시나리오 내지 소설 형식으로 만화 스토리를 작성하고, 이를 제공받은 만화가가 만화 스토리의 구체적인 표현 방식을 글(언어)에서 그림으로 변경하면서 만화적 표현 방식에 맞게 수정·보완하고 그 만화 스토리의 기본적인 전개에 근본적인 변경이 없는 경우에는, 만화 스토리를 원저작물, 만화를 2차적저작물로 볼 여지가 있다"고 보았다.

그러나 통상 스토리 작가는 콘티 형식으로 그림 작가에게 스토리를 제공하고, 그림 작가는 스토리를 바탕으로 그림을 그려 만화를 완성하는 경우에는 "공동창작의 의사"를 가지고 있다고 볼 수 있으므로 공동저작물로 봐야 한다는 것이 판례의 최종 결론이었다.

이때, 하나 문제가 되는 것은 공동관계를 가진 사람들이 하나의 작품을 창작했다는 사실뿐만 아니라, 그러한 사람들 사이에 공동으로 작품을 만든다는 '내면의 의사'까지 필요한가이다. 법적으로 말하면, 객관적인 공동관계뿐만 아니라 주관적인 공동의사도 존재해야 하는가의 문제가 있는 것이다.

이에 대해 판례는 공동창작의 의사가 필요함을 언급하고 있으나, 공동으로 창작한다는 것 자체가 그러한 의사를 지니고 있음을 '전제'하고 있다고 볼 수도 있다. 대체로 하나의 작품을 '함께 만든다'는 것 자체가 그러고자 하는 '의사'를 가지고 있다고 본다면, 의사의 유무 자체는 크게 문제가 되지 않을 수 있다. 즉 공동으로 제작한 사실 자체가 명확하게 입증된다면, 의사의 유무 자체가 문제될 가능성은 적다고 봐야 할 것이다.

복잡한 것 같지만, 간단한 문제다. 남녀가 만나 결혼생활을 이루고 있다면, 두 사람에게는 가정을 공동으로 만들어갈 의사가 있다고 전제할 수 있다. 그러나 경우에 따라서는 서로 도장만 찍고 각자 이익을 위한 위장 결혼이 있을 수 있다. 이 경우 그들에게 진정으로 가정을 함께 만들 의사는 없다고 봐야 할 것이다. 하지만 그런 경우는 지극히 예외적이므로, 대체로 결혼을 했다면 가정을 함께 만들 '공동의사'가 있다고 보는 것이다. 공동창작의 요건에 대한 관점 또한 이와 다르지 않은 셈이다.

② 공동저작물이 되려면 저작자 각자가 기여한 부분들을 **분리하여 이용할 수 없어야** 한다. 만약 어떤 저작물을 두 사람이 창작했는데, 각자의 창작 부분을 분리하여 이용할 수 있다면, 각자가 창작한 부분에 대한 각각의 저작권을 가지면 될 것이다. 예를 들어 A, B 두 작가가 1부와 2부로 이루어진 저서 《이제는 알아야 할 저작권법》의 1부와 2부를 완전히 따로 썼다면, 각 부의 저작권은 각 부를 쓴 작가가 가질 수 있다. 이 경우는 공동저작물이 아니라 단순히 두 부가 합쳐진 **결합저작물**이다.

공동저작물	결합저작물
A, B가 창작한 부분 분리 ×	A, B가 창작한 부분 분리 ○
A가 작성한 부분을 이용하려면 A, B 모두의 허락을 받아야 함	A가 작성한 부분을 이용하려면 A의 허락만 받으면 됨

그러나 만약 두 작가가 한 권의 책을 함께 썼는데, 서로 함께 아이디어를 교류하고, 몇 군데 나눠 쓰긴 하였으나 분리할 수 없을 정도로 서로의 글을 많이 수정 및 보완해주어, 최종적으로는 어느 챕터가 누구의 창작물이라고 딱 잘

라 말하기 어려운 상황이 있을 수 있다. 이 경우에는 책의 내용 전반을 '분리하여 이용할 수 없는 경우'라고 볼 수 있어서 **공동저작물**로 취급될 수 있는 것이다.

특히 판례는 이에 대해 "각 기여 부분을 분리하여 이용할 수 없는 것은 그 분리가 불가능한 경우뿐만 아니라 분리할 수는 있지만 현실적으로 그 분리 이용이 불가능한 경우도 포함한다"고 판시하고 있다. 즉 아예 누가 창작한 것인지를 분리할 수 없는 경우뿐만 아니라, 분리할 경우 현실적인 이용이 불가능한 경우에도 공동저작물로 본다. 가령, 두 조각가가 돌하르방을 하나 만들면서 반반씩 만들어서 세로로 붙였다고 할 경우, 이를 분리하면 현실적인 이용이 불가능할 것이다. 이런 경우 통상 공동저작물이 된다고 볼 수 있다.

어떤 저작물이 2차적저작물인지, 공동저작물인지, 결합저작물인지 등에 대한 판단이 중요한 이유는, 어떤 저작물이냐에 따라 그 권리 행사 방법이 달라지기 때문이다. 저작권법은 공동저작물의 경우에는, 원칙적으로 공동저작자 전원이 합의하여 그 공동저작물에 대한 권리를 행사해야 한다고 본다. 예를 들어 공동저작물을 다른 누군가가 사용하고자 한다면, 공동저작권자 전원의 허락을 얻어야 한다.

따라서 어떤 만화 작품이 스토리 작가와 그림 작가의 공동저작물로 인정될 경우, 해당 만화를 영화로 만들고자

할 때는 스토리 작가와 그림 작가 모두의 허락을 얻어야 한다. 만약 이 경우 그림 작가의 동의만 얻고 스토리 작가의 동의를 얻지 않으면, 스토리 작가의 저작권에 대한 침해로서 손해배상 책임을 질 수도 있다.

따라서 2인 이상이 공동저작물을 함께 창작할 때는 권리가 모든 저작권자들에게 공동으로 있다는 점을 인식하고, 초기 계약 단계에서부터 미리 합의를 잘해둘 필요가 있다.

이와 달리 어떤 만화 작품이 스토리 작가가 만든 스토리의 2차적저작물로 인정되는 경우가 있을 수 있다. 즉 누군가가 완성된 스토리에 그림을 그리는 방식으로 2차적저작물인 만화 작품을 완성할 수 있는 것이다. 현실에서 이런 경우는 흔치 않을 수 있지만, 원작 소설이 있는 경우를 생각해보면 쉽다. 이렇게 어떤 작품이 2차적저작물이 된다면, 원저작자(스토리 작가)는 자신이 동의하여 다른 이가 완성한 2차적저작물(완성된 만화 작품)에 대해서는 아무런 권한을 가질 수 없다. 즉 어떠한 작품이 공동저작물이 아닌 2차적저작물로 판단된다면, 2차적저작물의 저작권자는 원저작자의 동의 없이도 그 저작물에 대한 권리를 행사할 수 있는 것이다(물론, 이 경우 2차적저작물이 원저작자의 허락 없이 만들어진 것이라면, 원저작자는 2차적저작물에 대한 폐기 청구나 2차적저작물 작성자에 대한 손해배상 청구 등을 해볼 수 있을 것이다).

업무상저작물

　현대 사회에서는 많은 사람이 직장에 소속되어 있다. 콘텐츠 창작 등의 분야에서 수많은 저작물이 '개인'이 아닌 '회사'를 통해 제작되어 세상에 나온다. 이렇게 회사를 통해 만들어지고 나온 저작물을 '업무상저작물'이라고 한다. 예를 들어 회사에서 디자이너를 고용하여 자체적으로 광고 포스터를 제작할 경우, 해당 포스터가 바로 업무상저작물이다. 이러한 업무상저작물의 저작권은 일반적으로 그 회사(법인 등)가 갖게 된다. 그렇다면 해당 회사에 소속되어 포스터를 디자인한 디자이너는 아무런 권리도 갖지 못하는 것일까? 예컨대 기사의 저작권은 신문사가 가질까, 기자가 가질까?

　이와 같이 법인 등에 소속된 직원이 창작한 저작물의 저작권이 누구에게 있는지를 따져보는 것이 업무상저작물의 쟁점이다. 업무상저작물로 인정되면, 다른 계약이 없는 한 그 저작자는 법인 등이 된다. 그러기 위해서는 다음과 같은 2가지 요건이 충족되어야 한다.

　① **법인 등이 해당 저작물 작성을 기획해야 하고, 그 법인 등에 종사하는 자가 업무상 작성**한 저작물이어야 한다. 예를 들어, 회사에서 특정 영상물을 만들라는 식의 구체

적인 지시나 기획이 있는 상태에서 그 회사의 직원 등이 업무상 작성해야만 그 영상은 업무상저작물이 될 수 있다. 생각해보면 당연한 것이, 회사에서 아무런 지시도 하지 않았는데 근로자가 혼자서 기획하여 자신의 유튜브를 만들면, 그 영상의 저작권이 회사에 있을 수 없을 것이다. 마찬가지로 그 회사의 직원도 아닌 사람이 그 회사와 관련된 저작물을 만들더라도, 이는 그 사람이 창작한 그 사람의 저작물이지, 그 회사의 저작물이 될 수는 없다.

특히 그 회사에 종사하면서 경험한 내용 등을 토대로 저작물을 만들더라도, 회사가 지시한 것이 아니면 업무상저작물은 아니다. 예를 들어 변호사가 로펌에 소속되어 수행한 여러 사건에 대한 에세이를 쓰더라도, 로펌에서 그러한 저작물의 작성을 지시하여 업무상 작성한 것이 아니라면, 당연히 그 에세이의 저작권은 그 변호사에게 있게 된다. 그러나 로펌이 지시하여 변호사가 쓴 특정 사건에 관한 검토 의견서가 있다면, 이는 그 로펌이 저작권을 가지는 업무상저작물이 될 수 있다.

② 업무상저작물은 반드시 법인 등의 명의로 '공표될' 것까지 요하지는 않는다. 즉 아직 공표되지 않은 저작물이라 할지라도 통상적으로 **법인 등의 명의로 '공표되는' 저작물**이

라면, 이 또한 업무상저작물에 해당할 수 있다. '공표될'과 '공표되는'은 다르다. 만약 '공표될 것'이 요건이라면 반드시 공표가 되어야만 업무상저작물로 인정된다는 뜻이다. 반면 '공표되는 것'이라면 아직 공표되지 않았더라도 공표될 예정에 있거나 통상적으로 공표되는 것이기만 하면 업무상저작물로 인정될 수 있다. 예를 들어 특정 신문사에서 신문사의 명의로 발행되는 기사가 아직 기사로 발행 또는 발표되기 전이라 하더라도, 신문사의 지시에 따라 기자가 작성한 기사가 일종의 '발행 대기' 중이라면, 이 또한 업무상저작물이 될 수 있는 것이다.

업무상저작물에 대한 판단이 중요한 이유는 업무상저작물이냐 아니냐에 따라 저작권을 누가 가지는지가 결정되기 때문이다. 예를 들어, 기업에 소속되어 기업의 이름으로 발표되는 각종 보고서 등을 작성한 연구원은 그 보고서가 업무상저작물로 인정된다면, 그 보고서에 대한 저작권을 가지지 못하는 경우가 있을 수 있다. 따라서 자신이 회사에 소속되어 저작물을 만드는 위치에 있다면, 저작권 소유에 대한 계약을 회사와 잘 맺어야 할 필요도 있다. 회사에서 월급을 받고 일하는 근로자 입장에서는 통상 자신이 업무상 만든 모든 저작물을 회사가 소유하는 걸 당연하게 생각할 수 있지만, 자신도 저작권을 지니고 싶을 수 있기 때문이다.

저작권 등록하는 법

저작권은 한국저작권위원회에서 등록할 수 있다.

① 포털에 '한국저작권위원회' 검색 (www.copyright.or.kr)

② 사업 → 저작권 등록

③ 저작권등록 시스템 바로가기 (www.cros.or.kr)

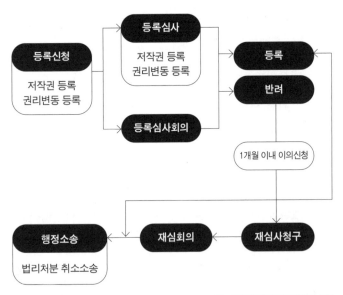

표는 한국저작권위원회 홈페이지 참조

4

저작물을 둘러싼
3가지 권리

　　우리는 흔히 창작자에게는 저작권이 있
다고 알고 있다. 이는 마치 부동산을 가진 사람이 소유권이
있는 것처럼 단순한 진실처럼 느껴진다. 그러나 부동산 하
나를 둘러싸고도 누구는 소유권자이고, 누구는 전세권자이
며, 누구는 저당권자일 수 있듯이, 저작권을 둘러싸고도 만
만치 않게 복잡한 문제가 있다. 당장 노래 한 곡을 둘러싸고

도, 그 노래의 저작권을 가진 사람이 작사가나 작곡가인지, 그 노래를 부른 가수인지, 혹은 그 가수가 소속된 회사나 음반회사인지 같은 복잡한 문제를 마주하게 된다.

우리나라의 저작권법은 이런 문제를 정리하기 위해 크게 3가지 권리를 만들어놓았다. 저작재산권, 저작인격권, 저작인접권이다. 이 3가지 개념만 이해하더라도, 하나의 저작물을 둘러싼 사람들의 권리관계를 어느 정도는 파악할 수 있다.

저작재산권	저작자의 권리	작사가와 작곡가 등
저작인격권		
저작인접권	실연자, 음반제작자, 방송사업자의 권리	가수, 음반제작, 방송사업자 등

저작재산권

저작권법은 저작물을 "인간의 사상 또는 감정을 표현한 창작물"로 정의하고, 저작자를 "저작물을 창작한 자"로 정의한다. 이 두 정의 모두에서 핵심은 '창작'이다. 저작권법은 다른 무엇보다도 창작을 보호하고자 하는 법인 셈이다. 창작자를 보호해야만 우리 문화가 계속하여 더 풍요로워질 수 있고, 창작자들 또한 기꺼이 창작의 모험을 하게 된다는 점에서 저작권법의 초점에는 타당한 이유가 있다.

노래 한 곡을 놓고 봤을 때도, 가장 핵심적인 '창작'이 무엇인지 생각해보면, 일단 노래의 저작권을 누가 갖는지 어렵지 않게 알 수 있다. 아무리 노래를 부른 가수의 가창력이 대체 불가능할 정도로 대단할지라도, 노래는 작사가와 작곡가 없이는 존재 자체를 할 수 없다. 가수는 이미 '창작된' 노래를 부르는 것이지, 노래 자체를 창작하는 것은 아니다. 그렇기에 창작 자체에 초점을 놓고 본다면, 노래의 저작자는 작사가와 작곡가가 되는 것이 당연할 것이다.

그렇다면 저작자인 작사가와 작곡가는 정확히 어떤 권리를 가지게 될까? 저작권법은 그들이 갖는 권리를 크게 '저작재산권'과 '저작인격권'으로 나누고 있다. 먼저 저작재산권에는 일반적으로 우리가 생각할 수 있는 각종 권리들이 포함되어 있다. 복제할 권리, 공연할 권리, 공중송신할 권리, 전시할 권리, 배포할 권리, 대여할 권리, 2차적저작물을 작성하여 이용할 권리 등이 있다(☞ 이에 관해서는 5장 〈저작재산권의 7가지 종류〉에서 더 자세히 다룬다). 달리 말하면, 저작자가 아닌 자는 위와 같은 행위를 해서는 안 된다. 만약 저작자가 아닌 사람이 함부로 저작물을 복제하거나 웹사이트에 업로드하고, 이를 토대로 다른 저작물을 만들면 저작권 침해가 될 수 있는 것이다.

저작인격권

또 하나 저작권자에게 인정되는 독특한 권리가 '저작인격권'이다. 이 권리가 독특한 이유는 같은 지식재산권에 속하는 특허권, 상표권, 디자인권 등에서는 인정되지 않는 권리이기 때문이다. 지식재산권은 크게 산업재산권(특허권, 상표권, 디자인권 등), 저작권(저작재산권, 저작인격권, 저작인접권), 신新지식재산권(생명공항기술권, 영업비밀보호권 등)으로 나뉘는데(☞ 74쪽 〈한눈에 정리하는 저작권〉), 지식재산권 중 산업재산권에 속하는 특허권, 상표권, 디자인권 등에는 저작인격권을 인정하지 않는다. 유독 저작권법에서 저작자에게만 그 인간됨의 권리, 즉 '인격권'을 부여하는 것이다.

흥미로운 점은, 인격권은 일종의 인권이기 때문에 양도하거나 사고팔 수 없다는 것이다. 아무리 저작물을 팔더라도, 결코 팔 수 없는 그 무언가가 저작자에게 최후까지 남아 있다고 볼 수 있는 것이다. 우리가 어떤 작가의 미술 작품을 샀더라도, 그것은 여전히 그 작가의 작품인 '측면'이 있다. 그 '측면'이 곧 저작'인격권'의 측면이다.

그렇게 최후까지 창작자가 지니는 권리(저작인격권)가 공표권, 성명표시권, 동일성유지권이다. 나의 작품을 세상에 공개적으로 알리는 권리(**공표권**), 나의 작품에 나의 이름을 표시할 것을 요구하는 권리(**성명표시권**), 나의 작품을 함부로 변경하지 않게 할 권리(**동일성유지권**)만큼은 저작자의 '인격'과 관련된 문제인 것이다. 즉 아무리 내가 내 작품을 누군가에게 팔았다 하더라도, 작품을 산 사람이 그 작품을 세상에 알리기 위해서는 나의 동의를 받아야 한다(내가 작품을 팔면서 세상에 공개하지 아니할 것을 요구하면, 작품을 산 사람은 그 요구에 따라야 한다). 또한 그 작품에 나의 이름을 표시하게 할 수 있다. 나아가 그 작품을 마음대로 변경하지 말 것을 요구할 수 있다. 작품은 창작자의 인격 그 자체와 마찬가지이기 때문이다.

저작재산권은 양도할 수 있지만, 저작인격권은 양도할 수 없다. 가령 저작재산권에 속하는 2차적저작물작성권 등은 모두 다른 사람에게 양도하고 나면, 양도받은 사람의 권리가 된다. 그러나 저작인격권인 동일성유지권은 양도되지 않는다. 즉 어떤 그림 작품의 2차적저작물작성권을 양도받은 사람이 있다 할지라도 그는 그 작품은 그대로 두고, 즉 동일하게 유지한 상태에서, 새로운 2차적저작물만을 만들 수 있을 뿐이다. 만약 자신이 어떤 작품을 구매했다는 이유로 그 작품 자체를 훼손하면 원저작자의 저작인격권(동일성유지권)을 침해한 것이 된다.

저작인격권	공표권	나의 작품을 세상에 공개적으로 알리는 권리
	성명표시권	나의 작품에 나의 이름을 표시할 것을 요구하는 권리
	동일성유지권	나의 작품을 함부로 변경하지 않게 할 권리

저작인접권

여기까지가 흔히 말하는 저작자의 권리이다. 음악으로 치면, 작사가와 작곡가의 권리인 셈이다. 그런데 하나 의문이 든다. 그렇다면 노래를 부른 가수는 노래에 대해 아무런 권리를 갖지 못할까? 어떻게 보면, 이미 만들어진 노래일지라도 그 가수만의 목소리와 창법으로 불렀다면 또 다른 창작이라고 볼 수도 있지 않을까? 가수의 목소리도 하나의 재료이고 창법 또한 하나의 기술이므로 가수도 새로운 창작물을 만든 저작권자라 볼 수는 없을까? 결론은 그들 또한 보호받을 수 있다는 것이다.

저작권법에서는 이처럼 저작물을 노래하거나 연기하고 낭독한 사람 등을 '실연자'라고 칭하며 이들에게 저작인접권을 인정한다. 그렇기에 만약 가수가 노래한 영상을 행사에서 활용하고 싶다면, 가수의 허락을 받아야 한다. 그러나 동시에 작곡가나 작사가의 권리도 존재하기 때문에 가수, 작곡가, 작사가의 허락도 받아야 한다. 나아가 음악의 경우 음반제작자(방송 영상의 경우 방송사업자)에게도 저작인접권이 인정된다. 사실상 이들 모두의 허락을 받아야만 저작권을 침해하지 않고 노래 한 곡을 이용할 수 있는 것이다.

실연자가 가지는 저작인접권은 저작자가 가지는 저작재산권과 저작인격권의 내용을 대부분 포함하고 있다. 즉 저작재산권 중 (2차적저작물작성권을 제외한) 복제권, 배포권, 대여권, 공연권, 방송권, 전송권, 그리고 저작인격권 중 (공표권을 제외한) 성명표시권, 동일성유지권이 인정된다.

실연자가 저작재산권 중 2차적저작물작성권을 갖지 못하는 이유는 어렵지 않게 이해할 수 있다. 2차적저작물작성권은 원작을 토대로 새로운 저작물을 만들 수 있는 권리이므로, 원곡을 '만든' 작사가나 작곡가의 권리이지 곡을 '만들지 않고' 연주하거나 노래 부르기만 하는 사람의 권리라고 볼 수는 없기 때문이다. 또한 실연자에게는 저작인격권 중 공표권은 인정되지 않는다.

저작 인격권자의 권리	저작재산권 중	복제권, 배포권, 대여권, 공연권, 방송권, 전송권
	저작인격권 중	성명표시권, 동일성유지권

어째서 실연자에게 공표권이 인정되지 않는가? 노래를 예로 들면, 어떤 노래를 만들어서 공개적으로 알릴지 말지 결정하는 일은 그 노래의 저작자인 작사가와 작곡가에게만 인정되는 셈이다. 그 노래를 부른 사람은 작사가나 작곡가의 허락 없이 이 노래를 세상에 혼자 알릴 수는 없는 것이다. 생각해보면, 가수가 자신이 만들지 않은 노래를 불렀다는 이유만으로 마음대로 공표해도 된다면, 작사가와 작곡가 입장에서는 꽤 당혹스러운 경우가 생길 것이다. 내가 만든 노래를 내 허락도 없이 세상에 알리는 셈이기 때문이다.

반면, 가수 입장에서는 이미 노래를 불렀다면, 그 노래를 공표할 것에 작사가와 작곡가가 당연히 동의한 것으로 볼 수도 있다. 공표에 동의하지 않는다면, 노래를 부르지도 않았을 것이기 때문이다. 노래나 공연 등은 공표를 전제로 하는 셈이다. 그러나 노래를 작사·작곡한 것만으로는, 곧장 그것을 공표해도 된다고 동의했다고 볼 수 없다. 노래를 만들고도 얼마든지 공표하지 않을 수 있기 때문이다. 그렇게 보면, 저작인접권자에게 공표할 권리를 인정하지 않고, 저작자에게만 공표할 권리를 인정하는 것을 납득할 수 있다. 적어도 노래 자체를 세상에 존재하게 만든 저작자에게만 공표할 권리를 주자는 것이다.

물론 현실에서는 저작자가 노래를 마음대로 공표하는 경우는 많지 않을 것이고, 실연자뿐만 아니라 음반제작자 또는 방송사업자 등과도 합의를 거쳐 공표하는 경우가 대부분일 것이다. 다만 '저작권'의 '저작' 자체가 '창작'을 의미하며, 이 법과 권리가 무엇보다도 이 세상에 없던 무언가를 세상에 창조한 존재를 가장 보호해야 한다는 취지가 있다는 점을 기억할 필요가 있다.

나아가 음반제작자나 방송사업자 등에게도 저작인접권이 인정된다. 음반 또한 작사가, 작곡가, 가수만이 만드는 것이 아니라 다양한 기술자나 기획자 등이 함께 만들기 때문에, 그러한 음반 제작을 총 책임지는 자에게도 권리를 인정하는 것이다. 만약 이것이 뮤직비디오 같은 것이라면 PD, 작가 등 방송을 업으로 하는 이들도 상당히 관여할 것이므로, 그들에게도 권리를 인정할 필요가 있을 것이다. 이처럼 콘텐츠 하나를 둘러싸고도 수많은 사람들의 권리가 존재한다.

그래서 만약 우리가 누군가의 노래 또는 뮤직비디오를 이용하고자 한다면, 원칙적으로는 작사가, 작곡가, 가수, 또 경우에 따라 음반제작자나 방송사업자 모두에게 허락을 받아야 한다. 그러나 세상의 수많은 카페나 노래방, 또 노래가 필요한 각종 행사나 시설에서 일일이 이들을 모두 찾아다니며 허락을 받는다는 건 사실상 불가능할 것이다.

그렇기에 이러한 저작권 등을 관리하는 한국음악저작권협회, 한국음악실연자연합회, 한국음반산업협회 등에 저작권료를 지불하면 음악 사용의 허락을 받을 수 있다(☞ 105쪽 〈알아두면 쓸모 있는 저작권 웹사이트〉). 다만 이조차도 복잡할 수 있기 때문에 통합징수하는 대행업체(신탁회사) 또한 존재한다. 대행업체를 통해 이들 협회에 저작권료를 지불하면, 저작권자 등의 허락을 받은 것으로 보게 된다. 물론 저작권자 등도 저작권료의 일부를 받게 된다.

현실에서는 저작권에 대한 이해가 부족하여, 창작자들의 권리를 침해하는 경우가 정말 많이 벌어지고 있다. 특히 불법 다운로드나 각종 불법 이용은 창작자들의 창작 의욕을 꺾고, 우리가 누리는 문화의 풍요로움도 점점 사라지게 만들 것이다. 창작자의 권리를 생각하는 건 결국 우리 모두를 위하는 일이다.

《검정 고무신》과 《구름빵》을 둘러싼 저작권 분쟁

──── 《검정 고무신》의 이우영 작가가 별세하면서 저작권 문제가 논란이 된 적이 있다. 이우영 작가는 '검정 고무신' 캐릭터를 창작하고 그렸지만, 출판사에 관련 권리 전반을 양도(위임)하는 계약을 체결했다고 알려졌다. 그로 인해 자신이 그린 캐릭터에 대한 권리를 대부분 잃게 되면서 저작권 분쟁에 휘말려 있던 터였다. 계약의 결과라지만, 자신의 창작물을 빼앗겼다고 느꼈을 창작자의 상처를 이루 헤아리기 어렵다.

그와 비슷한 경우로는 대법원 판결까지 난 《구름빵》

사건이 있었다. 《구름빵》을 창작한 백희나 작가 또한 출판사에 사실상 저작권(저작재산권)을 통째로 양도하는 계약을 맺는 바람에, 관련된 권리를 거의 주장할 수 없게 되었다. 출판사는 수천억 원대 이익을 얻은 반면, 백희나 작가가 얻은 수익은 처음 저작물을 넘기면서 받은 1,000만~2,000만 원 정도가 전부인 것으로 알려졌다.

콘텐츠 시장에서 창작자가 계약상의 문제로 업체에 저작권을 통째로 빼앗기는 것은 문제가 있어 보인다. 흔히 저작권 계약은 사적 계약이고, 계약서에 서명한 작가 잘못이라고 이야기하기도 한다. 애초에 그렇게 저작권을 통째로 양도하는 계약에 서명하지 않으면 그만 아니냐는 것이다. 그러나 과연 작가와 출판사나 제작사 등의 관계가 항상 대등한 주체 간의 계약인지는 깊이 생각해볼 필요가 있다. 창작자들, 특히 데뷔를 간절히 희망하거나 당장 생활비가 급한 작가들이라면, 작품을 발표할 기회가 절실할 수 있기 때문이다. 즉 일종의 매우 절박한 '궁박' 상태에 놓여 있을 수 있는 것이다.

그런 상황에서 출판사나 제작사에서 저작권 전부를 가져오는 계약서를 내밀었을 때, 이를 거절하거나 수정할 엄두를 못 내는 작가들이 정말 많을 것이다. 많은 작가가 생계의 어려움을 겪고 있는 상황에서, 몇백만 원의 목돈을 준다는 출판사의 제안을 쉽게 거절할 수 있을까? 혹은 처음 자신의 작품을 인정해주고 출판해주겠다는 출판사 앞에서 저작권 이야기 등을 당당하게 말할 수 있는 작가가 얼마나 될까? 우리 민법은 제104조에서 "당사자의 궁박, 경솔 또는 무경험으로 인하여 현저하게 공정을 잃은" 계약은 무효로 하고 있다. 마치 반 고흐처럼, 많은 예술가가 그러한 궁박 상태를 경험하고 있을 수 있다.

'해리 포터' 시리즈를 쓴 조앤 K. 롤링이나 《미저리》 등을 쓴 스티븐 킹만 하더라도, 여러 군데의 출판사에서 원고를 거절당했다는 건 널리 알려진 사실이다. 만약 출판사에서 이런 작가들의 절실함을 간파하여 모든 저작권을 양도받는 계약을 체결했다면, 지금쯤 롤링이나 킹도 영화나 번역서 등으로부터 아무런 수익도 얻지 못했을 수 있다. 사회 통념상 혹은 건전한 문화예술계의 관점에서 이를 공정하거나 정당한 일이라고 쉽게 말하기는 어렵다.

우리나라 저작권법에는 이런 불공정 계약에 대한 명확한 기준이 없다. 따라서 이에 대한 한 방편으로는 저작권 양도의 경우 최대 5년이나 10년 정도만 유효한 법조항을 두는 방법이 있을 수 있다(단, 한 기업의 상징이 되는 상표나 로고 등은 예외로 둘 필요도 있을 것이다). 지금은 계약서에 '저작권 전부 양도'라는 딱 한 줄이 어디 숨겨져 있더라도, 거기에 서명만 하면 창작자가 콘텐츠의 저작권을 모두 빼앗겨버릴 수 있다.

이 경우 심지어 자기 책이 외국에서 번역되더라도 아무런 수익을 분배받지 못할 수도 있다.

　또 다른 방법으로는 소비자를 보호하는 약관규제법처럼 창작자를 보호하는 저작권규제법 같은 것을 만들 수도 있다. 창작자 개인이 기업인 제작사 등과의 관계에서 을이 되는 경우가 너무 많고, 법의 보호 없이는 공정한 계약이 맺어지기 어렵다. 아이돌 지망생과 거대 기획사, 배우와 큰 극단, 가수와 음반제작사 등의 관계에서도 비슷한 경우가 있을 수 있다. 자신의 권리를 지키기 어려운 입장에 처한 개인들이, 창작자들이, 예술가들이 참으로 많다. 이들을 보호하는 법이나 아니면 법조항과 시행령 등이라도 생긴다면, 보다 공정한 문화가 자리 잡는 데 도움이 될 것이다.

　이러한 문제는 꼭 누가 착하고 나쁘고의 문제라기보다는, 공정한 관행이나 법의 부재에서 오는 측면이 클 수 있다. 불공정함이라는 기준과 원칙이 없는 시장에서, 당사자들은 끊임없이 더 큰 이익이라는 유혹에 휘둘릴 것이다. 그럴 때는 공정거래법이나 주택임대차보호법처럼 법이 이런 관행과 윤리의 문제들을 해결할 필요가 있다. 그것이 모두를 착하지도 나쁘지도 않은, 그저 정당하고 공정한 주체들로 만들어준다. 저작권을 둘러싼 세계에서도 이처럼 공정한 시장 형성을 위한 법의 도움이 절실한 상황일 수 있다.

5

저작재산권의
7가지 종류

흔히 저작권이라고 하면, 저작물에 대한 추상적인 권리일 뿐 '재산권'이라고 생각하기 쉽지 않을 수 있다. 왜냐하면 실제로 우리가 사고파는 건 대부분 '저작물'(책이나 음반, 그림 같은 것)이지 '저작권' 자체인 경우는 많지 않기 때문이다. 그러나 저작물뿐만 아니라 저작권 자체도 얼마든지 거래할 수 있는 재산권적인 측면이 있다.

예를 들어 내가 작곡한 음악에 대한 저작권을 누구한 테 팔면, 저작권을 산 사람이 앞으로 그 음악 이용에 대한 이용료 등을 받을 수도 있다. 나아가 저작권이 아닌 저작물만 구매했다고 하더라도 저작권은 우리가 구매한 저작물을 계속 '따라다니게' 되는데, 저작물을 구매했다고 해서 저작권까지 구매한 것은 아니기 때문이다. 이 미묘한 관계에 대해 살펴보자.

저작권은 저작물을 따라다니는 수호천사다. 그래서 만약 저작물을 우리가 마음대로 이용하려고 하면, 어디에선가 수호천사가 나타나 "안 돼!" 하고 외치는 모습을 상상해 보면 된다. 가령 우리가 책 한 권을 사면 마음껏 읽어도 좋지만, 그 책을 복사기에 넣고 복사하여 상업적으로 이용하려고 하는 순간, 수호천사가 나타난다. "그건 당신이 산 책이긴 하지만, 마음대로 복제해서는 안 돼!" 하고 소리칠 것이다. 수호천사가 그렇게 소리칠 수 있는 이유는 저작권에 '복제권'이 포함되기 때문이다. 정확히 말하면 복제권은 저작권 중 저작재산권에 포함된다.

저작재산권에는 복제권, 공연권, 공중송신권, 전시권, 배포권, 대여권, 2차적저작물작성권이 있다. 저작권 수호천사가 이 모든 권리를 관장하기 때문에 이러한 권리에 대한 허락을 받지 않았다면, 아무리 저작물 소유자여도 이러한 권리와 관련된 행위를 할 수 없다. 실제로 저작권에서 대부분 문제되는 것이 바로 이 저작재산권이다. 대부분의 저작권 문제들이 이 저작재산권을 둘러싸고 일어나고 있다. 각각의 권리가 의미하는 것은 어렵지 않게 알 수 있다.

① **복제권**은 도서나 음원 등 저작물을 복제할 권리이다. 복제에는 복사기를 통한 인쇄뿐만 아니라 사진 촬영, 스캔, 녹음, 녹화 등이 모두 포함된다. 건축물의 경우에는 그 건축을 위한 모형 또는 설계도에 따라 건축물을 시공하는 것을 포함한다.

② **공연권**은 음원이나 영상 등 저작물을 공연할 권리이다. 용어에 주의해야 할 점은 공연에는 연주, 가창, 낭독 등 일반적으로 우리가 생각하는 공연뿐만 아니라 상영, 재생도 포함된다는 점이다. 특히 공연은 공중에게 공개하는 것이 아니라면 공연이 아닐 수 있다.

③ **전시권**은 그림이나 사진, 미술품 등 저작물을 전시할 권리이다. 전시 또한 집 안에 미술품을 놓아두는 건 전시가 아니며, 공중이 관람하는 장소에 진열하는 등의 경우만 전시로 인정된다.

④ **공중송신권**은 음원이나 영상 등 저작물을 공중에게 송신하거나 전송할 수 있는 권리이다. 지상파나 케이블 TV를 통한 송신뿐만 아니라 온라인 등을 통한 송신 등이 모두 이에 포함된다. 공중송신권은 방송권(여러 사람에게 동시에 음성이나 영상 등을 송신하는 권리), 전송권(개별적으로 선택한 시간과 장소에서 저작물을 이용할 수 있게 하는 권리), 디지털음성권으로 구성된다.

⑤ **배포권**은 도서나 음반 등 저작물을 배포할 권리이다. 배포는 타인에게 저작물을 건네주거나 빌려주는 것을 의미한다. 다만, 우리가 도서를 샀는데 이 도서를 아무한 테도 빌려주거나 건네줄 수 없다는 건 가혹한 면이 있다. 그래서 통상적인 경우에는 법에 따라 배포권이 제한된다. 즉 배포할 때는 좀처럼 수호천사가 나타나지 않는다.

⑥ **대여권**은 음반이나 프로그램 등 저작물을 대여할 권리이다. 대여권은 법에 의해 오로지 상업적 목적으로 공표된 음반과 프로그램에만 인정된다. 사실 대여 자체가 배포에 포함되기 때문에, 대부분의 경우 대여할 권리는 배포할 권리에 포함된다. 그리고 대체로 대여가 허락된다. 그러나 음반과 프로그램의 경우만큼은 그 대여할 권

리가 보호되는 셈이다. 즉 도서나 다른 저작물을 빌려줄 때는 수호천사가 등장하지 않지만, 상업적 목적의 음반과 프로그램을 빌려줄 때는 수호천사가 등장한다.

⑦ **2차적저작물작성권**은 원저작물을 편곡하거나 변형하는 등 다양한 방법으로 재작성할 권리를 의미한다. 이러한 2차적저작물작성권 자체는 원칙적으로 원작자만이 가진다.

여기까지가 법에 규정된 저작재산권이다. 우리가 저작물을 이용할 때는 비록 눈에 보이지 않더라도 이런 수호천사들이 따라다닌다고 항상 생각할 필요가 있다. 이처럼 저작물을 이용할 때도 그 창작자의 권리를 생각하는 것이 성숙한 문화를 만들어나갈 것이다. 더불어 그런 성숙한 문화가 결국에는 더 훌륭한 콘텐츠를 많이 생산하여 우리 삶을 풍요롭게 해줄 것이다.

한눈에 정리하는 저작권

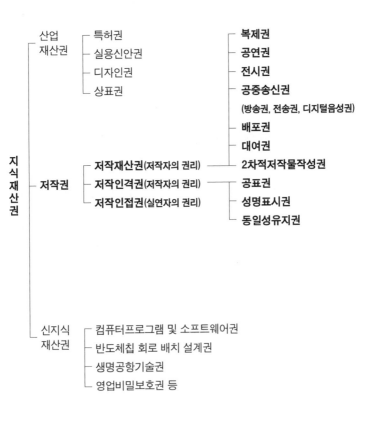

지식재산권
- 산업재산권
  - 특허권
  - 실용신안권
  - 디자인권
  - 상표권
- 저작권
  - **저작재산권(저작자의 권리)**
    - **복제권**
    - **공연권**
    - **전시권**
    - **공중송신권**
    - **(방송권, 전송권, 디지털음성권)**
    - **배포권**
    - **대여권**
    - **2차적저작물작성권**
  - **저작인격권(저작자의 권리)**
    - **공표권**
    - **성명표시권**
    - **동일성유지권**
  - **저작인접권(실연자의 권리)**
- 신지식재산권
  - 컴퓨터프로그램 및 소프트웨어권
  - 반도체칩 회로 배치 설계권
  - 생명공항기술권
  - 영업비밀보호권 등

6

저작재산권을
제한하는 경우들

그런데 이와 같은 권리들을 살펴보다보면 왠지 불편한 느낌이 들 수 있다. 내가 내 돈 주고 산 저작물을 이용하려고 할 때마다 이렇게 다양한 경우에 수호천사가 등장하면, 사실상 손발이 묶인 듯한 느낌을 받을 수 있다. 더군다나 학교에서 교육용 목적으로 책을 복사하거나, 비평하고 연구하기 위해 인용하거나, 오로지 개인적 목적을 위해 복제하는 등 다양한 경우까지 모조리 수호천사가 등장해서 가로막는다면, 꽤 부당하다는 느낌도 든다.

　아무리 저작권 보호가 중요하다지만, 좋은 목적이나 개인적인 목적에서 저작물을 이용하는 것까지 일일이 막는다면, 오히려 문화 발전이 저해되는 결과가 발생할 수도 있을 것이다. 실제로 창의성은 무수한 모방과 공유, 교류 속에서 발달한다. 노벨경제학상 수상자인 폴 로머는 새로운 아이디어의 창출에 '아이디어 공유'가 매우 중요하다고 주장하기도 했다. 저작권을 보호하는 것도 좋지만, 지나친 제한이 사람들 사이에 문화적 교류를 줄이고 결국 문화 전체에 부정적인 영향을 끼칠 수도 있다. 그럴 땐 수호천사가 오히려 지나친 수호괴물이 되어버릴 수도 있다.

　그렇기에 실제로 저작권법은 꽤 여러 조항에 걸쳐 저작재산권이 '제한'되는 경우를 열거한다(☞ 260쪽 부록의 저작권법 제23조~제35조의5 참조). 저작재산권이 제한된다는 것은 수호천사가 등장하지 못하게 하고, 수호천사의 방문을 걸어 잠그는 자물쇠가 있다는 의미다. 저작권법이 규정하는 이러한 자물쇠는 20여 가지에 이른다. 그만큼 다양한 경우에 저작물을 '활용'할 수 있도록 허용하고 있다. 어떠한 경우들인지 간단하게 살펴보자.

① 공개적으로 행한 정치적 연설 및 의회 등에서 행한 진술은 이용할 수 있다. 단, 함부로 편집해서는 안 된다.

② 국가나 지방자치단체가 업무상 작성하여 공표한 저작물은 이용할 수 있다. 단, 국가 안보나 개인의 사생활 및 사업상 비밀과 관련된 내용은 허락 없이 이용해서는 안 된다.

③ 학교에서 이용하는 교과서에는 저작물을 게재할 수 있다. 또한 학교나 국가가 운영하는 교육기관 등에서 수업 목적으로 이용하는 경우 저작물의 일부분을 복제, 배포, 공연, 전시, 공중송신 등을 할 수 있다. 부득이한 경우에는 일부분이 아니라 전부 복제 등을 할 수도 있다. 단, 이러한 경우에도 학교가 아니라면 저작권자에게 일정한 보상금을 지급해야 한다.

④ 방송이나 신문 등에서 시사보도를 하는 경우, 그 과정에서 들리는 음악이나 보이는 미술품 등 저작물이 있다면, 이는 보도를 위한 정당한 범위 안에서 복제 등을 할 수 있다.

⑤ 보도나 비평, 교육, 연구 등을 위한 경우라면 저작물을 인용하는 방식으로 이용할 수 있다. 단, 정당한 범위 안에서 공정한 관행에 합치되게 인용해야 한다.

⑥ 영리를 목적으로 한 것이 아니고, 청중이나 관중으로

부터 돈을 받지 않으며, 공연자에게도 보수를 지급하지 않는 경우에는 공표된 저작물을 공연하거나 방송할 수 있다. 단, 상업용 음반이나 상업 목적 영상저작물을 재생할 때는 재생하는 장소에 따라 허락을 받아야 하는 경우들이 있다.

⑦ 비영리 목적으로 개인적으로만 이용하거나 가정 내에서만 사용하는 정도라면 저작물을 복제할 수 있다. 단, 이 경우 일반 사람들이 모두 사용하는 곳에 있는 기기로 복제해서는 안 되고, 개인적인 기기를 이용하는 등 사적인 방식으로 복제해야 한다.

⑧ 도서관의 도서 등 자료는 조사나 연구 목적이라면 그 일부를 복제할 수 있다. 단, 1명당 1부에 한한다.

⑨ 학교의 입학 시험이나 그밖의 기능 시험 등을 위하여 정당한 범위에서 저작물 복제 등을 할 수 있다. 단, 영리 목적이어서는 안 된다.

⑩ 시각장애인을 위한 점자나 청각장애인을 위한 한국수어로 변환 등 장애인의 복리증진 목적으로 저작물 복제 등을 할 수 있다.

⑪ 저작물을 방송할 권한을 가진 방송사업자는 방송뿐만 아니라 일시적으로 저작물을 녹음하거나 녹화할 수 있다. 단, 이 녹음 및 녹화물은 대체로 1년 안에 폐

기해야 한다.

⑫ 미술품 등의 원본을 소유한 사람이나 그 소유자의 동
의를 얻은 사람은 해당 원본을 전시할 수 있다. 단, 공
중에게 항시 개방된 장소에 전시할 경우에는 저작권
자의 동의를 얻어야 한다. 또한 이렇게 개방된 장소에
전시된 작품은 판매 목적이 아니라면 누구나 복제하
여 이용할 수 있다.

⑬ 컴퓨터에서 저작물을 이용하는 경우 일시적으로 컴
퓨터에 복제할 수 있다. 또한 사진 촬영, 녹음 또는 녹
화 과정에서 저작물이 부수적으로 보이거나 들리는
경우도 허용된다. 단, 이 경우에도 저작권자의 이익을
부당하게 해쳐서는 안 된다.

⑭ 컴퓨터프로그램 같은 경우는 프로그램 기능을 조사, 연
구, 시험할 목적으로 복제하거나, 프로그램 복제물의
멸실이나 훼손 등을 방지하기 위해 복제물을 복제하
거나, 컴퓨터의 유지·보수 과정에서 일시적으로 복제
하는 경우 등 복제가 허용되는 여러 경우들이 있다.

⑮ 그밖에도 저작물의 통상적인 이용 방법과 충돌하지
않고, 저작자의 정당한 이익을 부당하게 해치지 아니
하여 '공정한 이용'에 해당하는 경우라면, 저작물을
이용할 수 있다.

⑯ 그 외 국가나 지방자치단체가 운영하는 문화시설, 도서관 등에 저작물 이용이 허락되는 경우들이 있다. 또한 재판이나 수사, 입법이나 행정 목적을 위한 내부 자료로 필요한 경우 저작물을 복제할 수 있다.

이상 열거한 내용은 보다 상세하고 방대하게 저작권법에 규정되어 있다. 이중에서 특히 ⑤의 '**인용**'이나 ⑮의 '**공정한 이용**' 부분은 제법 광범위하게 저작물 이용이 가능할 수도 있음을 보여주는 부분들이다.

어떤 저작물이든 그 자체가 비평, 연구, 교육을 위해서는 인용될 수 있다. 아무리 저작물의 저작권이 중요하다 하더라도, 그 저작물 자체가 논평이나 평가, 비평까지 막을 수 있는 천하무적의 수호천사를 갖고 있지는 않다. 실제로 문화는 그러한 다양한 비평과 연구를 통해 발전하기 때문에, 적어도 이러한 경우에는 자유롭게 열어줄 필요가 있다.

또한 저작물을 공정하게 이용하는 경우에는 그 저작물을 자유롭게 이용할 수 있다. 그런데 사실 정확히 어떤 경우가 '공정한 이용'인지는 불분명하다. 이는 사안마다 새로이 판단할 수밖에 없다. 법에서는 몇 가지 판단 기준을 제시하고는 있는데, 핵심은 저작자의 이익을 부당하게 해쳐서는 안 된다는 것이다. 저작자의 이익을 훼손하거나 침해하고,

저작물의 가치를 떨어뜨리는 등의 방식은 결코 공정한 이용 방식이라 할 수 없다. 따라서 내가 어떤 저작물을 '공정하게 이용'하려고 할 때도, 반드시 저작자의 이익을 생각해볼 필요가 있다.

이처럼 저작권법에는 우리가 저작물을 이용할 수 있는 다양한 경우들이 제시되어 있다. 그러나 이는 저작자의 이익을 마음대로 해쳐도 좋다는 규정들이 아니다. 오히려 저작자의 이익을 부당하게 해치지 않거나, 어쩔 수 없는 경우들이 열거된 것이라 보는 편이 타당하다. 결국 우리가 최대한 양심에 따라 저작물을 이용하고자 한다면, 법에서도 그러한 행위를 허용해줄 가능성이 있다. 반대로, 우리 양심에 반한다면 대개 법에도 저촉될 가능성이 높다.

특히 양심의 기준에서 '저작자의 정당한 이익'이라는 말을 반드시 기억하자. 결국 저작권도 자본주의 사회에서는 개개인의 '이익'과 직결된다. 저작자의 정당한 이익을 해치지만 않는다면, 모두에게 보다 이롭고도 풍요로운 문화를 만들어갈 수 있다.

하나 기억해야 할 건 인용이든 공정한 이용이든 저작권자를 '표시'할 의무에서 면제되는 건 아니라는 점이다. 저작권법은 제37조에서 인용이든 공정한 이용이든 저작물을 이용할 때는 반드시 출처를 명시해야 한다고 못 박아두고 있다. 즉 저작물을 이용할 때는 저작자의 '성명표시권'이 따라다닌다는 사실을 항상 기억해야 한다. 이를 위반할 경우에는 500만 원 이하의 벌금에 처하는 형사처벌까지 받을 수 있다. 저작권법은 우리가 타인의 저작물을 허락 없이도 이용할 수 있는 가능성을 열어두었지만, 그러한 경우에도 표시의 의무는 계속 존재한다는 사실을 반드시 기억하자.

저작권의 보호 기간은
제한되어 있다

───── 저작권은 무한하게 보호되는 권리는 아니다. 특정 기간이 지나고 나면 저작권도 소멸하게 된다. 다른 나라의 경우도, 그 기간에서 차이는 있으나 대부분 비슷하다. 대표적으로 디즈니의 곰돌이 푸나 미키마우스 등의 캐릭터에 대한 저작권이 차례차례 소멸해가고 있거나 소멸할 예정이다. 미국의 저작권 보호 기간이 95년이니, 1900년대 초반에 만들어진 캐릭터들의 저작권이 소멸하고 있는 것이다. 물론 이 경우에도 소멸되는 건 초기 '흑백 캐릭터'의 저작권인 식이어서 실제로 이용하려면 보다 세심하게 고려할 부분들도 있다.

아래 표는 우리나라의 저작권법에 규정된 저작권의 보호 기간을 정리한 것이다.

구분	보호 기간
저작재산권 **(제39조)**	· 저작자 생존 및 사후 70년 · 공동저작물의 경우 마지막으로 사망한 저작자 사후 70년
무명 또는 이명 저작물 **(제40조)**	· 공표된 때로부터 70년(이 기간 내에 저작자 사망 후 70년이 지났을 때에는 그때 소멸함) · 공표된 때로부터 70년 이내에 실명 또는 이명이 밝혀진 경우 및 실명으로 저작권 등록을 한 경우에는 사후 70년 규정 적용
업무상저작물 **(제41조)**	· 공표한 때로부터 70년(창작한 때로부터 50년 이내에 공표되지 않은 경우 창작한 때부터 70년)
영상저작물 **(제42조)**	· 공표한 때로부터 70년(창작한 때로부터 50년 이내에 공표되지 않은 경우 창작한 때부터 70년)
계속적간행물 **(제43조)**	· 책, 호, 회 등으로 공표하는 저작물의 경우 매 책, 매호, 매회를 공표 시로 함 · 일부분씩 순차적으로 공표하여 완성하는 저작물의 경우 최종 부분을 공표한 때를 공표 시로 함 · 일부분씩 순차적으로 공표하여 전부를 완성하

	는 저작물이 최근 공표 시로부터 3년이 경과되어도 공표되지 않는 경우에는 공표된 맨 뒤의 부분이 공표된 때를 공표 시로 함
저작인접권 **(제86조)**	· 실연을 한 때, 음반을 발행한 때로부터 70년 · 방송을 한 때로부터 50년 · 실연을 한 때로부터 50년 이내에 실연이 고정된 음반이 발행된 경우에는 음반을 발행한 때로부터 70년 · 음을 음반에 맨 처음 고정한 때로부터 50년이 경과한 때까지 음반이 발행되지 않은 경우에는 음을 음반에 맨 처음 고정한 때로부터 70년
데이터베이스 **(제95조)**	· 제작을 완료한 때로부터 5년 · 갱신을 위하여 상당한 투자가 이루어진 경우 갱신을 한 때로부터 5년
보호 기간의 기산 **(제44조)**	· 저작재산권의 보호 기간은 저작자 사망 또는 저작물을 창작, 공표한 다음 해부터 기산함
외국인 저작물 **(제3조)**	· 대한민국이 가입 또는 체결한 조약에 따라 보호(상호주의에 따라 제한 가능) · 대한민국 내에 상시 거주하는 외국인은 저작권법에 의해 보호 · 외국에서 보호 기간이 만료된 경우 국내에서도 보호하지 않음

《문화예술인을 위한 저작권 상담사례집》(한국저작권위원회, 2016년 7월) 23~24쪽 인용

7

저작권 침해를
판단하는 기준

대부분의 사람들이 타인의 저작권을 침해해서는 안 된다는 사실은 알고 있다. 특히 웹하드에 영화를 공유하거나 타인의 작품을 마음대로 표절하는 것은 안 된다는 등 명확하게 금지되는 것은 널리 알려져 있다. 그러나 그처럼 명확하지 않은 경우, 정확히 타인의 저작권을 어느 때 침해하고 어느 때는 침해하지 않는지 알기는 쉽지 않다. 실제로 많은 경우 법원의 실제 판단을 받아보기 전까지는 저작권 침해 여부에 관해 알기가 쉽지 않기도 하다.

그럼에도 우리는 거의 매일같이 타인의 창작물을 이용하고 있다. 당장 하루에 평균 2,000번 이상 만진다고 하는 스마트폰 속에 있는 대부분이 '창작물'이다. 유튜브, 넷플릭스, 웹툰, 웹소설, 전자책, 블로그 포스팅 등 우리는 하루에도 수백 개의 창작물을 마주하는데, 그 대부분이 저작권의 보호를 받고 있다. 그래서 무심코 이용하다보면 저작권을 침해하는 일도 심심치 않게 일어난다.

사실 우리가 살아가면서 타인의 저작권을 전혀 침해하지 않는 일은 불가능에 가까울지도 모른다. 실수로나 모르고 타인의 저작권을 침해할 수도 있다. 혹은 저작권에 전혀 문제가 되지 않으리라 확신했는데, 정작 법원에서는 저작권을 침해했다고 판결할 수도 있다. 그렇기에 우리는 가장 기본적인 원칙을 알고, 그 원칙에 따라 행동하는 양심을 가질 필요가 있다. 그래서 이번에는 그 저작권 침해에 관한 '기본적인 원칙'을 이야기해볼까 한다.

저작물에 '접근'해야 한다

저작권을 침해했다고 보기 위해서는 가장 먼저 저작물에 '접근'했다는 사실이 필요하다. 어찌 보면 당연한 말인데, 우리가 어떤 작품에 접근조차 하지 않고서는 그 작품의 저작권을 침해할 수는 없다. 특정 작품을 시청하든지, 다운로드하든지, 복제하든지 어떤 식으로든 작품에 접근해야 저작권을 침해할 수 있다는 게 당연해 보인다. '표절' 문제를 생각해보면 이 접근이 얼마나 중요한지 알 수 있다.

가령 A작품과 B작품이 아무리 유사하다 할지라도, A작품을 만든 사람이 B작품을 본 적도 없다면 표절이 성립할 수가 없다. 우리나라의 모 소설가가 일본의 소설을 표절했다는 의혹이 불거졌을 때, 그는 '그 소설을 읽은 기억이 없다'는 식으로 이야기한 적이 있다. 이는 자신이 표절한 적이 없다는 주장과 같다. 왜냐하면 아무리 두 작품이 유사하더라도, 다른 작품에 접근조차 한 적이 없다면 표절, 즉 '저작권 침해'는 성립할 수 없기 때문이다. 대법원은 이처럼 기존 작품에 접근하여 표절한 것을 두고 "기존의 저작물에 의거하여 작성"되었다고 표현한다.

특정 작품을 복제하거나 표절한 경우, 저작권 침해가 성립되기 위해서는 이러한 '의거관계'가 인정되어야 한다.

특히 두 작품이 너무나 유사하다면 이러한 의거관계는 추정될 수 있다. 즉 설령 A작품을 창작한 작가가 B작품을 본 적 있다는 사실을 전혀 증명할 수 없더라도, 두 작품이 너무 유사하다면 작가가 B작품을 '본 것'으로 추정한다. 설령 작가가 실제로 아무리 기억나지 않는다 하더라도 언젠가 그가 기억하지 못하는 과거에 봤고, 무의식적으로 표절했을 거라고 추정하는 것이다.

'실질적 유사성'이 있어야 한다

그런데 바로 이처럼 '접근'했다고 추정할 정도의 현저한 유사성, 다른 말로 '실질적 유사성'이야말로 저작권 침해 판단의 핵심이다. 특히 표절이 문제될 때는 소설이나 영화, 뮤지컬이나 연극처럼 서로 다른 장르 간인 경우도 많다. 드라마가 뮤지컬을 표절했다든지, 영화가 소설을 표절했다든지 하여 문제가 되곤 한다. 이 경우 두 작품이 '실질적으로 유사'해야만 표절, 즉 저작권 침해가 인정된다.

이러한 실질적 유사성이 인정되려면, 단순한 소재, 배경, 모티브, 사상, 주제, 줄거리만이 유사해서는 안 되고 그러한 것들이 '구체화되는 사건의 구성, 전개 과정, 등장인물

설정, 대사, 주제를 구현하는 방식' 등에 명확한 공통점이 있어야 한다. 특히 이러한 유사성은 해당 분야의 전문가가 판단하는 것보다는 오히려 일반 대중의 입장에서 봤을 때 유사한지 아닌지가 더 중요할 수 있다. 전문가들 입장에서는 세밀한 부분이 다르므로 '실질적 유사성이 없다'고 할 수 있어도, 일반적인 상식이나 통념의 기준에서는 매우 유사하다면 '실질적 유사성이 있다'고 볼 수도 있는 것이다.

이처럼 '접근'과 '실질적 유사성'이라는 것이 저작권 침해를 판단하는 요소라고 볼 수 있다. 그런데 만약 어떤 작품을 그대로 복제하여 나의 블로그에 올렸다고 한다면, 접근과 실질적 유사성을 따져볼 필요도 없을 것이다. 이미 복제했다는 것은 접근한 것이고, 그대로 올렸다는 것은 당연히 유사성을 넘어 아예 '같다'고 볼 수 있기 때문이다. 그래서 이 경우는 당연히 저작권을 침해한 것이 된다.

다만, 저작권법에는 저작권을 주장할 수 없는 경우들이 제법 열거되어 있다. 대표적으로 저작물을 비평이나 교육을 위해 인용하거나, 비영리 목적으로 개인적으로만 복제한 경우 등에는 저작권 침해 문제가 일어나지 않는다. 이런 경우들은 6장 〈저작재산권을 제한하는 경우들〉에서 살펴보았으므로, 알아두면 저작물을 이용하는 데 도움이 될 것이다.

결국,
법원까지 가봐야 안다

━━━ 드라마 〈선덕여왕〉이 뮤지컬 〈The Rose of Sharon, 무궁화의 여왕 선덕〉을 표절했다는 이유로 저작권 분쟁이 발생한 적이 있다. 이 사건에서 서울고등법원은 두 작품의 실질적 유사성을 인정하여 저작권 침해를 인정했다. 두 작품이 모두 "서역 사막에서의 고난, 금관의 꽃 또는 동로마 등 서역의 문화와 사상의 습득, 덕만공주와 미실의 정치적 대립구도, 덕만공주와 김유신의 애정관계, 미실 세력으로 인한 진평왕의 무력함과 같은 역사적 오류를 포함할 뿐만 아니라, 주제, 인물의 성격과 역할, 인물 사이의 관계, 줄거리, 구성 등"

에서 매우 유사하다는 것이었다. 그러나 대법원은 이를 뒤집어서 두 작품 간 실질적 유사성이 없다고 판단한다.

먼저, 사막에서의 고난은 흔히 쓰이는 드라마에서의 전형적인 장면이고, 서역 사막으로 쫓겨나게 된 이유가 서로 다르다는 것이다. 또한 뮤지컬 대본에서는 사막에서 금관의 꽃을 얻는 장면이 있고, 드라마에서는 서역의 문화와 사상을 배워오는 장면이 있는데 이 둘을 같게 볼 수 없다고 하였다. 그리고 두 작품 모두에 '미실'이라는 인물이 등장하며 정치적 대립 구도를 이루고 있기는 하나 그 인물의 설정이 서로 다르고, 인물들 간의 애정관계도 구체적으로 차이가 나는 등 개별적인 요소들이 다르다는 점을 들어 두 작품 간의 실질적 유사성을 부정하였다.

그러나 원래 법원의 판단과 대법원의 판단이 달랐던 것처럼, 꼭 대법원이 옳았다고 단정할 수는 없다. 가령 문제가 된 공주가 서역의 사막에서 고난을 겪은 내용, 서역의 사막에서 문화와 사상 등을 통해 힘을 얻는 내용, 공주와 미실이 대립하는 내용, 김유신과 공주가 사랑에 빠지는 내용 등은 모두 역사적 기록이 없음을 대법원도 인정했다. 역사적 기록에 없는 부분까지 유사한 점이 많다면, 이 드라마가 뮤지컬을 보고 실제로 표절했을 가능성도 완전히 없다고 할 수는 없을 것이다. 다만, 대법원은 이 드라마가 뮤지컬에 의거하여 만들어진 것은 아니다, 즉 표절한 것은 아니다라고 판단했을 뿐이다.

이처럼 저작권 분쟁은 최종 판결이 나기까지도 그 결론을 쉽게 예측할 수 없다. 더군다나 한 작품과 다른 어떤 작품이 유사한지 아닌지는 꼭 판사뿐만 아니라 일반인들도 충분히 판단해볼 수 있다는 점에서, 더 논란이 많을 수 있다. 그렇기에 저작권 영역은 더욱 문화시민 개개인의 양심에 의존하는 면이 있다. 참고하였다면 정당하게 인용을 하거나 성명 표시를 하고, 때로는 정당한 비용을 지불하는 것이 타당하다. 그런 식으로 서로를 북돋우며 함께 풍요로운 문화의 일부를 만들어가는 일이 우리 모두에게 더 도움이 될 것이다.

8

저작권을
침해당했을 때는

증거를 확보한다

자, 이제부터는 저작권을 침해당했을 때 어떻게 대처
해야 할지 그 구체적인 방법을 알아보자. 저작권을 침해당
했다고 판단된다면 가장 먼저 해야 할 일은 증거를 확보하
는 일이다. 특히 온라인상에서는 침해 게시물이 수시로 수

정되거나 삭제될 수 있으므로, 캡처 등을 통하여 저작권 침해 사실에 대한 증거를 확보해두는 것이 중요하다. 또한 저작권 침해에서는 '의거성'이 중요하기 때문에(☞ 89쪽 〈저작물에 '접근'해야 한다〉), 상대방이 나의 저작물에 접근한 사실이 있다면, 그와 관련된 증거도 확보할 필요가 있다. 즉 상대방이 나의 저작물을 본 적이 있거나, 나의 저작물을 베낀다는 인식이 있었다는 사실 등을 증명할 수 있는 자료라면, 어떠한 것이든 잘 확보해둘 필요가 있다.

저작권 침해자 혹은 플랫폼에 알린다

그다음에는 저작권 침해자에게 해당 사실을 통보하며, 저작권 침해 상황을 중지시키게 만드는 등 합의를 도모할 필요가 있다. 나아가 저작권 침해가 온라인의 특정 플랫폼이나 포털사이트 등에서 이루어졌다면, 플랫폼이나 포털사이트에 저작권 침해 사실을 신고 또는 고지할 수 있다. 다음 내용을 참고하면 도움이 될 것이다.

— 유튜브에 저작권 침해 신고하기
포털에 '유튜브 저작권 삭제 요청 제출하기' 검색

(https://support.google.com/youtube/answer/2807622?hl
=ko&ref_topic=9282363)

— 네이버에 저작권 침해 신고하기

포털에 '네이버 게시물 신고센터' 검색

(https://help.naver.com/reportCenter/home.help)

한국저작권위원회에 조정 신청을 한다

만약 이와 같은 방식으로 합의나 해결이 되지 않으면, 확보한 증거를 토대로 한국저작권위원회에 조정 신청을 해보는 방법이 있다. 한국저작권위원회의 조정 신청은 온라인과 오프라인상으로 모두 가능하다. 다만 조정 과정이 치열해질 수 있으므로 변호사를 선임하여 대동하는 방법도 있다.

— 한국저작권위원회에 조정 신청하기

포털에 '저작권 전자조정시스템' 검색

(https://adr.copyright.or.kr/web/main/mainPage.do)

→ 온라인일 경우 '전자조정 신청' 클릭

→ 오프라인일 경우 '오프라인 신청' 클릭

민사상 조치를 취한다

　　조정이 결렬되거나 조정을 생략한 채 곧바로 민사상 조치 및 형사상 조치를 취하는 방법이 있다. 쉽게 말해, '민사상 조치'란 개인 대 개인이 법원을 통해 판결을 내려달라고 소송을 제기하는 경우 등을 의미한다. 반면 '형사상 조치'란 개인이 경찰 등 수사 기관에 상대방을 고소하여 수사 기관(국가)이 상대편 개인을 수사하게 되는 과정으로, 상대방이 범죄를 저질렀으니 국가에게 도와달라고 하여 국가의 힘을 빌리는 것이라 할 수 있다.

　　저작권법 제123조는 저작권 침해를 정지하게 하거나 저작권을 침해하여 만들어진 저작물을 폐기하게 청구할 수 있도록 규정하고 있다. 따라서 민사상 조치로 가장 먼저 생각할 수 있는 것은 당장 영상을 비공개 전환하거나 출판을 금지시키는 등의 '정지 청구'를 하고, 나아가 해당 저작물을 폐기하도록 하는 '폐기 청구'를 할 수 있다.

　　그와 더불어 저작권 침해가 인정된다면, 저작권법 제125조의2에 따라 손해배상 청구를 할 수 있고, 저작권법 제127조에 따라 명예회복 등의 청구도 가능하다. 그밖에 저작권 침해자가 얻은 부당이득이 있다면, 그러한 부당이득 반환을 청구해볼 수도 있다.

이러한 민사적 청구는 법원에 관련 서면을 제출하는 것으로 가능한데, 개인이 혼자 이러한 서면을 작성하고 관련 절차를 수행하기가 쉽지 않으므로 변호사의 도움을 받을 필요가 있다.

형사상 조치를 취한다

저작권을 침해할 경우 저작권법은 형사처벌 규정도 두고 있으므로, 고소 또는 고발이 가능하다(통상 사안이 심각할 경우에는 민사상 조치와 형사상 조치가 함께 이루어진다). 고소 또는 고발을 하게 되면, 경찰에서부터 수사가 진행되며, 저작권을 침해한 가해자를 소환하여 조사하게 되고, 이후 검찰로 사건이 송치되면 검찰이 판단 후 기소하여 가해자는 법정에 서게 된다. 검찰의 기소 전에 쌍방 합의를 하여 고소를 취하하는 등의 방식으로 절차가 진행되는 경우도 있다.

고소 또는 고발은 경찰서를 찾아가서 고소장이나 고발장을 작성하는 것인데, 이 경우에도 변호사를 선임할 경우, 변호사가 '고소대리인'으로서 역할을 하게 된다. 일반적으로 저작권 문제 같은 경우는 그 법적 쟁점이 복잡하여 고소장을 작성하기가 쉽지 않으므로 변호사를 선임하는 것이 좋을 수 있다.

저작물 이용의 단계

1단계	2단계	3단계	4단계	5단계
어떤 저작물을 이용할 것인지를 결정한다. ——————→ 어떤 저작물을 어떤 방법으로 이용할 것인지	그 저작물이 보호받는 것인지 확인한다. ——————→ · 보호 기간이 지났는지 · 저작권법에서 정하고 있는 보호받지 못하는 저작물인지 —————— 보호받지 못하는 저작물의 경우는 이용 가능	저작물 이용 방식이 저작권법상 허용되는 방식인지 확인한다. ——————→ 저작권법에서 정하고 있는 저작권자의 허락이 없어도 이용할 수 있는 경우의 조건에 맞는지 —————— 허용되는 방식이면 이용 가능	저작권자에게 저작물 제목과 이용하려는 방법 등을 자세히 알리고 허락을 받는다. ——————→ 허락을 도와주는 단체 · 저작권신탁관리 단체 · 저작권대리중개 업체 —————— 허락을 받고 다음 단계로 이동	허락받은 범위 내에서만 이용한다. 저작자 표시, 출처 표시 명확히 하고 이용 ——————

《문화예술인을 위한 저작권 상담사례집》 (한국저작권위원회, 2016년 7월) 31쪽 인용

9

NFT와
저작권

블록체인 기술의 발전과 더불어 세간의 주목을 끌었던 것 중 하나가 NFT(Non-fungible token, 대체 불가능 토큰)이다. 블록체인이란, 데이터를 저장하는 '블록'을 체인 형태로 연결하는 기술로, 거래에 참여하는 모든 사용자들이 거래 내역을 알 수 있게 하는 방법이다. 즉 특정 서버에만 거래 내역을 담아두는 게 아니라, 해당 데이터를 공유

하는 모든 사람에게 거래 내역 데이터들이 그대로 옮겨지게
하는 기술이다. 보통 온라인상의 데이터는 위변조나 해킹
등의 위험에 노출되어 있지만, 블록체인 기술을 사용하면
이러한 위변조 등이 불가능해진다는 장점이 있다.

NFT는 이러한 블록체인 기술을 활용하여 디지털 자
산의 소유주를 증명하는 가상의 토큰이다. 즉 NFT는 내가
온라인상에 올린 텍스트, 사진, 이미지, 오디오, 동영상 등 콘
텐츠가 나의 소유임을 보증하는 일종의 '증명서'라 볼 수 있
다. 예컨대 내가 직접 그려서 나의 블로그에 올린 그림이 나
의 자산임을 증명하고 싶다면, 시중에 나와 있는 NFT 플랫
폼('오픈씨', '크립토펑크' 등)에 해당 그림에 대한 NFT를 등록
하면 된다(흔히 화폐를 '주조'한다는 뜻으로 '민팅mingting'한다고
한다). 이렇게 NFT를 만들면 나의 디지털 자산에 소유권과
거래 내역 등 고유한 정보가 부과되어 복제가 어려워진다.

NFT가 주목받은 이유는 대체 불가능한 토큰으로서
의 고유성 때문이다. 우리는 통상 디지털 파일 등은 복사하
면 원본과 복제품의 구별이 불가능하다고 생각하지만, NFT
는 블록체인 기술로 인해 그 고유성이 보장된다.

그런데 NFT는 일종의 증명서에 불과하기 때문에
NFT를 만들어 거래한다고 해서 그 NFT가 표상한다고 볼
수 있는 원저작물(기초자산)까지 거래되는 건 아니다. 다시

말해, 어떤 그림의 NFT를 판다고 해서, 그 그림을 파는 건 아니라는 뜻이다. 즉 NFT와 그 NFT가 표상하는 원저작물(기초자산)은 원칙적으로 별개이다.

계속 그림으로 예를 들자면, 어떤 그림의 소유자와 그 그림의 NFT의 소유자는 서로 다를 수 있다. 그렇기에 어떤 그림에 대해 저작권을 보유하지 않은 사람이 NFT를 만드는 과정(민팅)에서 그 그림의 저작권을 침해할 소지가 있다. 왜냐하면 민팅을 하는 과정에서 원 그림을 복제하거나 원 그림을 공중송신하게 될 수 있고, 나아가 NFT의 내용이 2차적저작물로 인정될 가능성도 있기 때문이다. 그러므로 그림이든 영상이든 그밖의 저작물의 NFT를 만들고자 한다면, 통상 그 원저작자의 허락을 받는 일이 필요하다.

극단적인 예를 들어보면, 어느 유명 작가가 트위터에 올린 글과 그림을 내가 통째로 NFT로 만들어 팔고 싶다고 해보자. 그래서 그 작가의 글과 그림을 캡처하여 NFT 플랫폼에 올리면, 일단 그 작가의 글과 그림에 대한 복제권이나 공중송신권을 침해하는 일이 될 수도 있다. 또한 그 작가의 글과 그림을 토대로 NFT를 만든 것이기 때문에, 일종의 2차적저작물을 만든 셈이 될 수도 있다.

나아가 NFT를 구매하더라도, 그 NFT에 그 NFT가 표상하는 원저작물의 저작권을 얻는 게 아니라는 점도 주의할 필요가 있다. NFT만 구매한다는 건 말 그대로 NFT만을 구매하는 일일 뿐이다. 비유하자면, 물건은 그대로 두고 영수증만 사고파는 셈인 것이다. NFT는 원저작물이나 원저작물의 저작권과 별개의 증명서에 가까운 것이기 때문이다. 그러므로 원저작물의 소유권이나 저작권(저작재산권)을 얻고 싶다면, 원저작물의 소유권자나 저작권자와 거래를 해야지, NFT만 거래해서는 안 된다.

물론 경우에 따라서는 원저작물과 NFT를 함께 거래하는 경우도 있고, NFT의 양도와 함께 저작권도 양도하는 계약을 체결할 수도 있다. 그만큼 NFT 거래에서는 세부 계약 조건이 중요하므로, 반드시 계약 조건을 확인하고 자신이 원하는 것을 얻을 수 있는지 꼼꼼하게 따져볼 필요가 있다.

알아두면 쓸모 있는 저작권 웹사이트

어문	한국문학예술인저작권협회	www.korra.kr	어문저작물의 복사, 복제, 배포 등의 허락
	한국방송작가협회	www.ktrwa.or.kr	방송작가의 저작물을 방송사 등과 사용 계약
	한국시나리오작가협회	www.scenario.or.kr	시나리오작가의 저작물 위탁 관리
음악	한국음악저작권협회	www.komca.or.kr	작곡·작사가 등의 저작물 위탁 관리
	함께하는음악저작인협회	www.koscap.or.kr	작곡·작사가 등의 저작물 이용 허락
	한국음반산업협회	www.riak.or.kr	음반제작자의 저작물 위탁 관리 및 이용 허락
	한국음악실연자연합회	www.fkmp.kr	가수·연주자 등의 권리 위탁 관리
미술	한국미술저작권관리협회	www.sack.or.kr	미술·건축·사진저작물 사용 승인
영상	한국영화제작가협회	www.kfpa.net	영상제작자의 권리 증진
방송/언론	한국방송실연자권리협회	www.kbpa.co.kr	탤런트, 성우 등의 권리 위탁 관리
	한국언론진흥재단	www.kpf.or.kr	뉴스 저작권 이용 허락
소프트웨어	한국소프트웨어저작권협회	www.spc.or.kr	소프트웨어 불법 복제물 신고
	한국저작권보호원	www.kcopa.or.kr	온라인에 유통되는 영화, 음악 등 불법 복제물 신고

10

AI와
저작권

최근 인공지능, 즉 AI Artificial Intelligence 가 급속도로 발전하면서, 글을 쓰거나 그림을 그리고, 코딩을 하거나 영상을 만드는 등 전통적으로 인간만의 영역이라 생각되었던 '창작'에서 엄청난 성과를 거두고 있다. AI가 쓴 소설이나 AI가 그린 그림이 대회에서 상을 받는 등 이미 창작이 인간 고유의 영역이라고 보기 어려운 상황이다.

그런데 흔히 ChatGPT 등 '생성 AI'라고 하는 이러한 AI의 창작 방식을 보면, 저작권을 침해할 소지가 있다. 왜냐하면 모든 창작이 그렇지만 생성 AI 또한 무에서 유를 창조하는 게 아니기 때문이다. 즉 생성 AI는 기존의 여러 저작물을 학습하면서 이를 조합하여 새로운 창작물을 만들어낸다. 애초에 기존의 저작물을 허락 없이 사용하였다면, 그 자체로 저작권 침해 소지가 있는 것이다.

가령 생성 AI가 일러스트 1만 장을 학습하여 각기 다른 일러스트에서 눈과 코와 스타일을 조합한 새로운 인물을 만든다고 해보자. 이렇게 AI가 새로운 작품을 만들게 되면, AI에 이용된 저작물의 저작권자는 과연 이 생성 AI가 자기 작품을 사용하였는지 아닌지 알 수 없다. 특히 자신의 작품이 공개되어 있다면, 허락 없이도 AI가 학습 대상으로 삼을 수 있다.

따라서 이는 저작권자의 허락 없이 저작물을 이용한 셈이 된다. 저작권자 입장에서는 자신의 저작물이 AI의 학습에 이용된지도 모른 채로 권리 주장을 할 기회조차 없을 수 있는 것이다. 이미 이런 일들은 많이 일어나고 있다. 특정 작가의 글이나 그림을 AI에게 학습시킨 뒤에 그와 유사한 글이나 그림을 그려달라고 하면, AI는 금방 이를 해낸다. 누군가는 그런 작품을 자신의 것이라 주장하며 공모전에 제출해 상을 받을 수도 있고, 상업적으로 판매할 수도 있을 것이다.

나아가 AI가 만든 작품에 저작권을 인정할지도 문제된다. 저작권법은 '인간'이 창작한 저작물을 보호하기 때문에, 인간이 아닌 AI가 창작하였다면 원칙적으로 저작권법의 보호 대상이 아니다. 그럼에도 불구하고, 순수하게 AI 혼자 창작한 것이 아니라 인간이 각종 명령어를 기입하고 창의적인 질문을 하거나 지시를 하였다면, 이는 인간의 창작 또는 인간과 AI의 협업의 결과로 인정될 여지가 있다.

만약 이렇게 만든 작품이 그 사람의 저작물로 인정되면, 그야말로 누구나 창작자가 되는 시대가 도래한 셈이다. 누구나 AI를 통해서 가령 '태양에 대한 강렬한 분위기의 시를 써줘'라고 명령하여 시를 쓰게 할 수 있다. 혹은 '소년이 강아지와 어울리는 우주 행성에 대한 그림을 그려줘'라고 지시하여 그림을 그리게 할 수도 있다. 이렇게 해서 생성된 시나 그림은 그 순간 조합되어 창작된 것이므로, 그 이후 다시 같은 지시를 하여도 똑같은 창작물이 나오진 않는다. 결국 세상에서 유일한 작품이 되는 것이다.

장기적으로 봤을 때 창작이 이처럼 개개인의 글쓰기나 그림 그리기 '기술'보다는, 아이디어를 통한 지시나 명령으로 이뤄질 가능성도 충분히 존재한다. 이 경우 기존 '아이디어'보다는 구체적인 '표현'을 중시하는 (☞ 29쪽 〈표현과 창작성〉)

저작권법의 대전제가 바뀔 가능성도 있다.

　　AI가 창작에 관한 기존의 관념을 바꾸면서, 저작권 문제에서도 중대한 변화를 목도하게 될 날이 멀지 않았을지 모른다. 그러나 당장은 기존의 저작물과 저작권자를 어떻게 보호할지를 우선적으로 고민할 필요가 있다. 당장 AI가 특정한 저작물들을 대상으로 학습한다면, 그러한 저작물들의 저작권자들에게 이용료를 지불하게 하는 방식 등으로 최소한의 보호 장치를 마련할 필요가 있다. 그렇지 않다면, 수많은 저작권자의 눈물과 땀이 섞인 저작물들이 너무 쉽게 AI에 의해 이용되고, 기존 저작물들의 가치 또한 저하될 수 있다.

생성 AI의 시대, 핵심은 인간과 신뢰

ChatGPT 등 생성 AI의 발전으로, 누구나 쉽게 다양한 정보와 지식에 접근하게 되었다는 이야기가 이루어지고 있다. 그러나 동시에 이런 시대에는 수많은 가짜 정보나 지식, 뉴스들이 폭발하듯 넘쳐날 우려 또한 존재한다. 이미 웹상에는 양질의 정보와 지식이 아닌, AI로 적당히 짜깁기한 얄팍한 지식이나 가짜 정보들이 흘러나오고 있다.

AI 복제 영상으로 채워지기 시작한 영상 플랫폼이나, AI가 적당히 조합한 포스팅들로 넘쳐나는 웹은 일종의 '가짜의 무덤'이 되어버릴 수 있다. 이미 업자들은 무조건 조회수만 올리고 수익만 창출하면 그만이라는 태도로, AI를 이용해 정확한 지식이나 진실에 대한 확인 없이 온갖 블로그 포스팅이나 저품질 영상을 양산하며 웹 생태계를 파괴시키고 있다.

AI는 온갖 '환각hallucination'을 생성하는데, 대표적인 게 역사적 사실에 대한 거짓 지식이다. 가령 '세종대왕이 최초로 만든 일본어에 대해 알려줘'라고 하면 ChatGPT는 질문에 맞게 그럴싸한 거짓말을 만들어내는데 이를 '환각'이라고 한다. 이렇게 만들어진 환각이 오로지 조회수만 목적으로 웹상에 넘쳐나기 시작하면, 이제 우리는 무엇이 진실인지 알기 어려워진다.

AI가 만들어내는 가짜 지식(환각)도 문제지만, 가짜 지식을 만들어내게 하는 인간도 문제가 될 것이다. 가령 AI는 정치적·종교적 목적으로 쓰일 가능성도 매우 높다. 상대방 정치인에 대한 음모론이나 허위사실을 매우 정교하게 만들어달라고 하면 수많은 사람이 그것을 믿게 될 것이다. 사이비 종교를 체계적으로 만들기는 더 쉬워질 것이다. 그럴싸한 영상, 포스팅, 칼럼, 책 등을 양산하여 악용하는 건 시간문제일 수 있다.

그렇기 때문에 점점 더 우리가 신뢰할 수 있는 진짜 사람에 대한 관심이 대두될 것이다. 우리가 역사적 사실을 정확하게 알고자 한다면, 이제는 제대로 역사를 공부한 역사학자의 책에 기대지 않으면 진짜 역사를 알 수 없는 시대가 올 수 있다. 적당히 짜깁기한 자기계발의 방법이 아니라 누군가의 진짜 경험을 들으려면, 이제 그 사람을 직접 알아야만 신뢰할 수 있는 시대가 오는 것이다. AI로 만든 가짜 자기소개서가 넘쳐나는 시대에는 오히려 사람을 통한 소개 같은 과거의 구인 방식이 되살아날 수 있다.

그래서 아이러니하게도 기술의 정점, 일종의 특이점이 왔다고 하는 시대에, 사람들은 더더욱 '인간'과 '신뢰'라는 전통적인 가치에 따라 움직일 가능성이 높다. 단순히 '추천도서 목록'을 얻고 싶을 때도, 웹상에 AI가 양산해낸 신뢰하기 어려운 추천도서 목록이 아니라, 내가 진짜 신뢰하는 사람이 직접 경험으로 들려주는 진짜 추천도서 목록을 듣는 일이 더 귀중해지고, 더 드물어지며, 더 가치를 지니는 시대가 오는 것이다.

무엇이든 대량 생산되기 시작하면, 그것의 가치는 떨어지고 사람들은 그와는 다른 진짜 신뢰할 수 있는 무엇을 찾기 시작한다. 새로운 시대에 그 신뢰할 수 있는 대상, 그 기준은 오히려 '사람'이 될 수 있다. 그래서 행여나 또 뒤처질까 지금 새로운 기술들을 허겁지겁 쫓기보다는, 이럴 때일수록 진짜 경험과 지식을 추구하고, 사람 간의 유대에 집중하는 것이 더 현명한 대답이 될 수도 있다. 우리 손안의 스마트폰처럼, 기술은 언젠가 모두의 것이 된다. 그러나 그때에도 진짜 신뢰할 수 있는 사람은 소수에 불과할 것이다.

1부를 마무리하고 2부로 들어가기 전에

자, 이제 실전으로 들어가보자. 1부 '저작권의 원리'에서 배운 내용을 토대로 2부 '저작권의 해결'로 들어가보자. 1부에서 설명한 내용을 핵심만 간추리면 다음과 같다.

첫째, **저작물**은 인간의 사상 또는 감정을 표현한 창작물을 말한다. 이 저작물에는 13가지 종류가 있다.

① 어문저작물
② 음악저작물
③ 연극저작물
④ 미술저작물
⑤ 건축저작물

⑥ 사진저작물

⑦ 영상저작물

⑧ 도형저작물

⑨ 컴퓨터프로그램저작물

⑩ 편집저작물

⑪ 2차적저작물

⑫ 공동저작물

⑬ 업무상저작물

둘째, 이 13가지 저작물을 보호하는 수호천사가 '저작권'이다. 이 저작권에는 저작재산권, 저작인격권, 저작인접권의 3가지가 있다. 이 3가지 저작권 중 대부분 문제되는 것이 **저작재산권**이다. 이 저작재산권에는 7가지 종류가 있다.

① 복제권

② 공연권

③ 전시권

④ 공중송신권

⑤ 배포권

⑥ 대여권

⑦ 2차적저작물작성권

2부에서는 저작권을 둘러싼 다양한 문제들 중 꼭 짚고 넘어가야 할 23가지 사례를 담았다. 제목 아래에는 문제가 되는 저작물이 13가지 저작물 중 몇 번에 해당하는지와, 문제가 되는 저작재산권이 7가지 저작재산권 중 몇 번에 해당하는지를 표기했다. 예를 들어 카페에서 '영화'(영상저작물)를 '보여주는'(공연권) 것이 저작권 위반인지 아닌지가 문제될 때는 아래와 같이 표시했다.

⑦ 영상저작물 → ② 공연권

2부에서 예시한 여러 사례들이 저작권법을 위반하는지 아닌지를 판단할 때는, 관련 저작물이 13가지 저작물 중 어디에 해당하는지와, 관련 사례가 저작재산권의 7가지 종류 중 어떤 권리를 침해하는지가 중요한 판단 근거가 되기 때문이다. 이와 같은 원리에 따라 사례를 분석한다면, 대부분의 저작권 문제는 쉽게 해결될 수 있다. 더불어 이를 통해 저작권법의 전체 틀을 좀 더 일목요연하게 이해할 수 있을 것이다. 저작권, 원리만 알면 쉽게 해결할 수 있다. 자, 이제 저작권 문제를 해결하러 가보자.

2부

본 검토 내용은 당 작가의 검토 의견이며, 실제 소송 등에서는 법원의 판단과
다를 수 있음을 유의하시기 바랍니다.

저작권의
해결

책이나 시를 인용하는 것도
저작권 침해일까?

① 어문저작물 → ① 복제권

글을 쓰다보면 다른 작가가 쓴 책이나 시를 인용하게 되는 경우가 있다. 특히 문학평론가나 비평가들은 평론을 쓰면서 타인의 저작물인 책 내용 중 일부나 시 전체를 인용하기도 하는데, 이 경우 저작권 침해에서 자유로울 수 있을까?

A

책이나 시는 어문저작물에 해당하여 저작권법의 보호를 받는다. 이때 사례에서와 같이 책 내용 중 일부나 시 전체를 인용하는 것과 관련된 권리는 '복제권'이다(☞ 71쪽 〈저작재산권의 7가지 종류〉①). 즉 책이나 시를 저작권자인 작가의 허락 없이 그대로 가져다 썼다면, 저작권자의 복제권을 침해하는 행위가 된다.

그러나 저작권법은 복제권과 관련하여 저작자의 권리를 제한하는 규정을 두고 있다. 즉 보도나 비평, 교육, 연구 등을 위한 경우라면 공표된 저작물을 인용하는 방식으로 이용할 수 있다. 단, 정당한 범위 안에서 공정한 관행에 합치되게 인용하여야 한다(☞ 77쪽 〈저작재산권을 제한하는 경우들〉⑤). 그러니까 책이나 시를 인용할 때 저작권 침해에서 자유로울 수 있으려면, 첫째로 인용되는 저작물이 '공표'된 저작물이어야 하고, 둘째로, 인용하는 목적이 '보도, 비평, 교육, 연구 등'을 위한 것이어야 하며, 셋째로, '정당한 범위 안에서', 넷째로, '공정한 관행에 합치되게' 인용하여야 한다. 이 4가지 요건을 자세히 살펴보자.

첫째, 인용되는 저작물은 공표된 저작물이어야 한다. '공표'는 저작물을 공중에게 공개하거나 발행하는 것을 의미한다(제2조 제25호). 이미 출판된 책이나 논문이라면 당연히 공표된 저작물에 해당하고, 상영된 영화와 같은 영상저작물 역시 공표된 저작물에 해당할 것이다.

둘째, 인용하는 목적이 '보도, 비평, 교육, 연구 등'을 위한 것이어야 한다. 이때 인용하는 목적이 반드시 보도, 비평, 교육, 연구 목적일 필요는 없고, 이와 유사한 목적으로 인용하는 경우에도 본 조항이 적용될 수 있다. 그러나 이와 무관하게 오직 시간과 노력을 절약하여 영리를 추구할 목적으로 타인의 저작물을 인용하는 경우에는 본 조항이 적용될 수 없다.

이와 관련하여 법원은 "다른 여행사의 안내서에 작성된 내용을 자신의 인터넷 홈페이지에 그대로 베끼어 제공한 사건"에서 "서적의 일부를 베낀 목적은 홈페이지 게재 자료를 작성하는 시간과 노력을 절약하기 위한 것으로 봄이 상당하여 보도, 비평 등과 상관없다 할 것이고, 출처가 원고의 저작물이라는 것도 명시하지 않아 인용 방법도 공정한 관행에 합치되지 않는다 할 것이므로, 도저히 저작권법상 허용되는 인용이라고 볼 수 없다"라고 판시하였다(서울지방법원

2003. 5. 30. 선고 2001가합64030 판결).

셋째, '정당한 범위 안에서' 인용해야 한다. 그렇다면 어느 정도가 '정당한 범위 안'일까? 정당한 범위에 관하여 일정한 기준이 정해져 있는 것은 아니기 때문에, 개별적으로 구체적인 사안에 따라 법원에 의해 판단될 수밖에 없다.

다만 법원은 정당한 범위에 들기 위해서는 "그 표현 형식상 피인용 저작물이 부연, 예증, 참고 자료 등으로 이용되어 인용 저작물에 대하여 부종적 성질을 가지는 관계(즉 인용 저작물이 주이고, 피인용 저작물이 종인 관계)에 있다고 인정되어야 한다"고 보았다(대법원 1990. 10. 23. 선고 90다카8845 판결). 예컨대 타인의 저작물인 소설이나 시를 비평하는 평론집을 출판하면서, 인용되는 소설이나 시가 평론집 중 대부분의 쪽수를 차지하고 비평에 관한 부분은 몇 줄 되지 않는다면, 이는 정당한 범위 안의 인용이라고 볼 수 없을 것이다.

실제로 법원은 출판사가 저작권자들로부터 아무런 승낙을 받지 않고, 고등학교 교과서에 수록된 작품 중 일부를 선정해 단편소설은 그 전문을, 장편소설은 그 일부를 발췌하여 수록한 편집물을 출판한 사례에서 "작품에 대한 해설은 그 작품을 감상하기 위해 필요한 최소한의 분량에 그치고 있으면서 (…) 전체적으로 그 인용 부분이 주가 되고 있다"고 보아 정당한 인용의 범위를 넘어섰다고 판단했다(서울민사지방법원 1994. 7. 29. 자94카합6025 판결). 또한 "저작물에 인용된 소설에 대한 저작권 침해나 그 사용 허락의 문제는 새로운 저작물의 저작자가 부담함이 원칙이나, 출판사도 저작자와 함께 공동불법 행위의 책임을 져야 한다"고 보아 출판사와 저작자 모두에게 공동불법 행위 책임을 인정하였다.

넷째, 인용하는 분야에서 인용에 관한 관행이 존재한다면 그 '관행에 합치되게' 인용해야 한다. 만약 인용하는 분야에서 인용에 관한 관행이 존재하지 않는다면 "인용의 목적, 저작물의 성질, 인용된 내용과 분량, 피인용 저작물을 수록한 방법과 형태, 독자의 일반적 관념, 원저작물에 대한 수요를 대체하는지 여부" 등을 종합적으로 고려하여 판단해야 한다(대법원 2014. 8. 26. 선고 2012도10786 판결). 이 경우 인용 목적이 영리적인 목적이라면 그렇지 않은 경우에 비하여 자유이용이 허용되는 범위가 상당히 좁아진다.

예를 들어 보도의 재료로서 저작물을 가져다 쓰는 것, 타인의 학설이나 견해를 논평하기 위하여 자신의 저작물 중에 타인의 저작물 일부를 인용하여 비평하는 것, 자기의 논문 중에 타인의 논문 일부를 인용하여 자신의 주장을 보강하는 논거로 하는 것, 소설을 저술하면서 그 배경이 되는 시대

상황을 설명하거나 묘사하기 위하여 필요한 작품으로서 타인의 시가詩歌의 한 문구 또는 한 구절을 삽입하는 것, 미술작품에 관한 평론을 저술하면서 타인의 회화를 인용하는 것 등은 저작물의 성질에 비추어 공정한 관행에 합치된다고 볼 수 있을 것이다(오승종, 《저작권법》 제5판, 박영사, 2020, 752쪽).

마지막으로 주의해야 할 것은, 저작물을 이용할 경우 그 저작권자를 '표시'해야 한다는 점이다. 저작권법은 제37조에서 인용이든 공정한 이용이든 반드시 출처를 명시해야 한다고 못 박아두고 있다. 이를 위반할 경우에는 500만 원 이하의 벌금에 처하는 형사처벌까지 받을 수 있다. 따라서 저작물을 인용하는 경우 반드시 그 출처를 명시해야 한다.

정리하자면, 문학평론가가 다른 작가가 쓴 책을 평론하면서 해당 작가의 허락을 받지 않고 그 책 내용 중 일부를 인용한 경우, 평론 부분이 인용된 부분보다 더욱 길고 자세하게 작성되어 있고, 인용된 부분은 평론을 위해 반드시 필요한 부분에 그쳐 평론 부분에 대해 종적인 존재로 판단된다면, 저작권 침해로부터 자유로울 수 있을 것이다.

또한 시의 경우 평론을 하기 위해 그 전체를 인용하는 것이 부득이한 경우가 존재하므로, 평론을 작성하면서 해당

시 자체가 아니라 그 시에 대한 비평 등이 주된 부분이 된 경우라면 마찬가지로 저작권 침해로부터 자유로울 수 있을 것이다. 다만 어떠한 경우에도 반드시 출처를 명시해야 한다.

2 ·· **Q**

독서모임 혹은 유튜브에서 책을
읽어주면 저작권 침해일까?

① 어문저작물 → ① 복제권 ②공연권 ④ 공중송신권(전송권)

독서모임에서 자주 등장하는 이벤트 중 하나로 낭독회를 꼽을 수 있다. 각자 좋아하는 책의 일부 구절을 독서모임에 온 사람들에게 읽어주는 이벤트이다. 이와 유사하게 유튜브에서도 책을 소개하거나 읽어주는 유튜버인 이른바 '북튜버'들이 상당히 많은 조회수를 올리고 있다. 그런데 독서모임이든 유튜브든, 작가의 허락을 받지 않고 책의 일부 구절을 읽

어주는 행위는 저작권 침해에 해당하지 않을까? 책을 낭독하는 것은 저작권자의 어떤 권리를 침해하는 것일까?

Ⓐ

먼저 독서모임에서 책을 읽어주는 경우에 관해 살펴보자. 책을 낭독하는 것과 관련된 저작권은 '공연권'으로, 저작자는 그의 저작물을 연주, 가창, 낭독 등 공연할 권리를 가진다(☞ 71쪽 〈저작재산권의 7가지 종류〉 ②). 그렇다면 독서모임에서 작가의 허락 없이 책을 읽는 행위는 작가의 공연권을 침해하는 행위일까?

저작권법 제29조는 공연권과 관련하여 저작물을 저작권자의 허락 없이 이용할 수 있는 경우를 정하고 있다. 즉 영리를 목적으로 한 것이 아니고, 청중이나 관중으로부터 돈을 받지 않으며, 공연자에게도 보수를 지급하지 않는 경우에는 저작권자로부터 별도의 허락을 받지 않더라도 공표된 저작물을 공연하거나 방송할 수 있다(☞ 77쪽 〈저작재산권을 제한하는 경우들〉 ⑥). 따라서 독서모임에서 책을 낭독하는 행위가 영리를 목적으로 하지 않고, 청중으로부터 돈을 받지 않는 무료 낭송이라면, 작가의 허락 없이 낭독을 하였더라도 저작권 침해가 되지 않는 것이다. 한편 손님들로부터 입장료를 받거나, 카페나 음식점 등 영업소에서 손님을 끌기 위해 낭독을 하는 경우에는 영리를 목적으로 한 것이기 때문에 위 조문이 적용될 수 없다.

그렇다면 책을 읽는 행위를 촬영하여 유튜브에 업로드하는 것은 어떨까? 유튜브에서 책을 읽어주는 경우, 책의 내용을 그대로 복제하여 사용했다는 점에서 '복제권'이, 또 책을 읽어주는 모습을 촬영하여 온라인상에서 전송했다는 점에서 '전송권'이 문제될 수 있다(☞ 71쪽 〈저작재산권의 7가지 종류 ①④〉).

그렇다면 앞에서 살펴본 공연권과 마찬가지로, 복제권 및 전송권에 대해서도 저작물을 저작권자의 허락 없이 이용할 수 있는 저작권법 제29조가 적용될까? 그렇지 않다. 저작권법 제29조는 공연권 또는 방송권에 적용되는 저작권 제한규정이기 때문에 복제권 및 전송권에는 적용되지 않는다. 결국 저작자의 허락을 받지 않고 책을 낭독하는 영상을 제작하여 유튜브에 업로드하는 행위는 저작권자의 복제권 및 전송권을 침해하는 행위에 해당한다.

다만, 책 전체 내용을 그대로 읽어주는 것이 아니라 일부 감명 깊었던 구절을 읽어주는 등 저작물의 통상적인 이용 방법과 충돌하지 아니하고, 저작자의 정당한 이익을 부당하게 해치지 아니하는 경우에는 저작물의 공정한 이용에 해당할 수 있다(☞ 79쪽 〈저작재산권을 제한하는 경우들〉⑮). 저작물의 공정한 이용에 해당하는지를 판단할 때에는 "이용의 목적 및 성격, 저작물의 종류 및 용도, 이용된 부분이 저작물 전체에서 차지하는 비중과 그 중요성, 저작물의 이용이 그 저작물의 현재 시장 또는 가치나 잠재적인 시장 또는 가치에 미치는 영향" 등을 고려해야 하는데(제35조의5), 위와 같은 사정들을 고려하였을 때, 유튜브에서 책을 읽어주는 행위가 저작물의 공정한 이용으로 판단된다면, 저작권 침해가 성립하지 않게 된다.

　　참고로 저작재산권은 저작자가 사망한 후 70년이 지날 때까지 존속하기 때문에, 저작자가 사망한 날로부터 70년이 지난 고전문학을 읽어주는 영상을 촬영한 행위는 저작권 침해 문제가 발생하지 않는다(☞ 83쪽 〈저작권의 보호 기간은 제한되어 있다〉). 하지만 저작권이 소멸한 문학이더라도 원서가 아닌 번역물의 경우 그 책은 번역가의 2차적저작물로서 독자적인 저작물로 보호되기 때문에, 번역가가 사망한 날로부터 70년이 지나지 않은 상황에서 번역가의 허락 없이 해당 저작물을 이용하는 행위는 저작권 침해에 해당하므로 주의가 요구된다.

정리하자면, 독서모임에서 책을 낭독하는 행위가 영리를 목적으로 하지 않고, 청중으로부터 대가를 받지 않는 무료 낭송이라면, 작가의 허락 없이 낭독을 하였더라도 저작권 침해는 되지 않는다. 그러나 유튜브에서 책을 읽어주는 경우 그러한 행위가 저작물의 공정한 이용에 해당하지 않는다면, 저작권 침해가 될 수 있다.

3 --- Q

내가 공모전에 제출한 드라마가
다른 작가의 이름으로 방영되고 있다면?

① 어문저작물 → ① 복제권 ⑦ 2차적저작물작성권

내가 드라마 공모전에 제출한 드라마 대본과 너무나도 유사한 작품이 다른 작가의 이름으로 드라마로 제작되어 인기리에 방영되고 있다면 정말 당황스럽고 화가 날 것이다. 이 경우 나는 어떤 조치를 취할 수 있는가? 그 드라마에 대한 권리를 주장할 수 있을까?

A

저작권법에 따르면 '저작자'는 저작물을 창작한 자를 말한다. 저작권은 "저작물을 창작한 때부터 발생하며 어떠한 절차나 형식의 이행을 필요로 하지 아니"하기 때문에, 공모전에 출품한 극본을 직접 집필한 작가는 저작권 등록을 하지 않더라도 창작과 동시에 저작권자가 된다. 그러므로 만약 다른 작가가 나의 극본을 그대로 가져다 썼다면 나의 '복제권'을, 나의 극본을 바탕으로 드라마를 제작하였다면 '2차적저작물작성권'을 침해한 행위가 될 수 있다(☞ 71쪽 〈저작재산권의 7가지 종류〉① ⑦).

그런데 이때, 저작권 침해를 인정받기 위해서는 다음의 요건을 충족시켜야 한다(☞ 87쪽 〈저작권 침해를 판단하는 기준〉). 첫째로 저작권 침해자의 저작물이 기존의 저작물에 '접근'해야 한다. 가령 A작품과 B작품이 아무리 유사하다 할지라도, A작품을 만든 사람이 B작품을 본 적도 없다면 저작권 침해가 성립할 수가 없다. 둘째로 기존의 저작물과 '실질적 유사성'이 있어야 한다. 여기서 '실질적 유사성'을 이해하기 위해서는 먼저 '아이디어/표현 이분법'(☞ 29쪽 〈표현과 창작성〉)을 이해할 필요가 있다. 아래 내용을 살펴보자.

저작권의 보호 대상은 학문과 예술에 관하여 사람의 정신적 노력에 의하여 얻어진 사상 또는 감정을 말, 문자, 음, 색 등에 의하여 구체적으로 외부에 표현한 창작적인 표현 형식이고, 표현되어 있는 내용 즉 아이디어나 이론 등의 사상 및 감정 그 자체는 설사 그것이 독창성, 신규성이 있다 하더라도 원칙적으로 저작권의 보호 대상이 되지 않는다(대법원 2000. 10. 24. 선고 99다10813 판결).

즉 저작권은 아이디어 자체를 보호하는 게 아니라 '창작적인 표현'을 보호하는데, 이를 '아이디어/표현 이분법'이라고 한다.

예를 들어 집안의 반대에도 불구하고 서로 애틋하게 사랑하는 남녀 주인공이 있었는데 여자 주인공이 불치병에 걸려 죽게 되는 비극적인 결말의 드라마 각본을 내가 생각했다고 하자. 이 경우 나는 여자 주인공이 불치병에 걸려 죽음을 맞이하는 줄거리를 지닌 드라마를 제작한 모든 제작사들을 상대로 저작권 침해를 주장할 수 있을까? 당연히 그렇지 않다. 위 줄거리는 아이디어에 불과할 뿐 창작적인 표현이 아니기 때문이다.

따라서 '두 저작물 사이에 실질적인 유사성이 있는가'의 여부를 판단할 때에도 "창작적인 표현"을 가지고 대비하여야 하며, "소설 등에 있어서 추상적인 인물의 유형 혹은 어떤 주제를 다루는 데 있어 전형적으로 수반되는 사건이나 배경 등"은 아이디어의 영역에 속하는 것들로서 저작권법에 의한 보호를 받을 수 없다(대법원 2000. 10. 24. 선고 99다10813 판결). 결국 방영되고 있는 드라마의 내용이 내가 공모전에 출품한 작품의 '아이디어'만을 모방하여 새롭게 각색된 것이라면 나는 저작권 침해를 주장할 수 없다.

다만 법원은 소설, 극본, 시나리오 등과 같은 어문저작물은 "특이한 사건이나 대화 또는 어투"가 저작권 침해 여부를 판단하는 데 중요한 요소가 된다고 보고 있다(서울고등법원 1995. 10. 19. 선고 95나18736 판결). 따라서 현재 방영되고 있는 드라마에 나오는 특이한 사건이나 대화 또는 어투 등이 내가 집필한 극본과 유사하다면 나는 드라마 제작사를 상대로 저작권 침해를 주장할 수 있다. 저작권 침해를 인정한 판례를 아래에 소개한다.

원고의 이 사건 소설과 위 피고의 〈연인〉이라는 연속극의 대본을 비교해보면, 원고의 이 사건 소설과 위 피고의 대본 사이에는 소설과 대본이라는 표현 형식, 그 주제 및 구성에 있어서는 전체적인 개념과 느낌에 있어서 상당한 차이가 있음이 인정되나 그 구성 요소 중 일부 사건 및 대화와 어투에 있어서 공정한 인용 내지 양적 소량의 범위를 넘어서서 원고의 이 사건 소설과 동일성이 인정되고, 부분적 문자적 유사성이 인정되는 이상, 위 피고의 〈연인〉이라는 연속극의 대본의 일부는 원고의 이 사건 소설의 존재를 알고 이에 의거하여 이루어진 것으로서 비록 원고의 이 사건 소설의 일부라고 할지라도 그 본질적인 부분과 실질적 유사성이 있고 이른바 통상적인 아이디어의 영역을 넘어서 위 소설의 경험적, 구체적 표현을 무단 이용하였다고 보이므로 원고의 이 사건 소설의 저작권을 침해한 것이 된다고 할 것이다(서울고등법원 1995. 10. 19. 선고 95나18736 판결).

참고로 특이한 사건이나 대화 또는 어투 등이 유사하지 않아 저작권 침해가 성립되지 않는 경우에도 아이디어를 도용당한 경우에는 저작권법이 아닌 부정경쟁방지 및 영업비밀보호에 관한 법률(부쟁경쟁방지법)을 통해 보호받을 수 있다.

정리하자면, 방영되고 있는 드라마의 내용이 내가 공모전에 출품한 작품의 '아이디어'만을 모방하여 새롭게 각색된 것이라면 나는 저작권 침해를 주장할 수 없다. 그러나 드라마에 나오는 특이한 사건이나 대화 또는 어투 등이 내가 집필한 극본과 유사하다면 나는 드라마 제작사를 상대로 저작권 침해를 주장할 수 있다.

내가 만든 음악이 나도 모르게
게임 음악으로 사용되고 있다면?

② 음악저작물 → ① 복제권 ④ 공중송신권 ⑤ 배포권

갑은 을로부터 D게임의 배경음악을 만들어달라는 의뢰를 받았다. 이에 갑은 을의 작업실에 가서 반나절 작업 끝에 G음악을 만들어 을의 컴퓨터에 파일로 저장해두었다. 이후 갑은 자신이 작곡한 G음악이 자신의 허락 없이 D게임의 배경음악으로 무단 사용되고 있고 이를 통해 을이 수익을 얻고 있다는 사실을 알게 되었다. 이에 갑은 을을 상대로 저작권 침해를 주장하며 손해배상 청구소송을 제기했다. 갑은 을로부터 손해배상을 받을 수 있었을까?

А

저작권법에 따르면 '저작자'는 저작물을 창작한 자를 말한다. 저작권은 "저작물을 창작한 때부터 발생하며 어떠한 절차나 형식의 이행을 필요로 하지 아니"하기 때문에 갑은 저작권 등록을 하지 않더라도 창작과 동시에 자동적으로 G음악의 저작권자가 된다. 따라서 을이 G음악을 D게임의 배경음으로 사용하였다면 갑의 '복제권', '배포권', '공중송신권' 등을 침해하게 된다. 그런데 위 손해배상 청구소송에서 갑은 패소하였다. 왜 패소하게 되었을까?

갑은 을의 작업실에서 을의 컴퓨터를 이용해서 G음악을 작곡했기 때문에 자신이 G음악을 작곡한 사실을 입증할 수 없었다. 갑은 자신이 G음악을 창작한 사실을 입증하기 위해 증인을 법원에 세웠지만, 법원은 증인의 증언만으로는 갑이 G음악을 창작한 사실을 입증할 수 없다고 보았다. 다음 판결문을 읽어보자.

원고가 제출한 모든 증거와 증인 E의 증언에 의하더라도, 실제로 원고가 1997년 11월부터 12월경 'G'라는 제목의 음악을 작곡하였고 이것이 D게임의 배경음악이 되었음을 인정하기에 부족하고, 달리 이를 인정할 만한 증거가 없다. 따라서 원고의 청구원인 주장을 받아들일 수 없다(서울중앙지방법원 2021. 2. 18. 선고 2019가합549390 손해배상 판결).

즉 사안에서 법원은 갑 주장의 전제가 되는 '갑이 G음악을 작곡한 사실'이 입증되지 않는다고 판단한 것이다. 결국 갑은 자신이 G음악을 창작한 사실을 입증할 수 없었기 때문에, 을로부터 손해를 배상받을 수 없었다.

이처럼 저작권자로 인정받기 위해서는 무엇보다도 자신이 해당 저작물을 창작한 사실이 인정되어야 한다. 따라서 저작물을 창작한 사람들은 만일의 경우를 대비하여 자신이 해당 저작물을 창작한 사실을 입증하기 위한 기록을 남겨두는 것이 바람직하다.

유튜브에 내가 직접 연주한 음악은
올려도 될까?

② 음악저작물 → ① 복제권 ④ 공중송신권 | 저작인접권

유튜브 사용자 수가 급속도로 늘면서 일상을 영상으로 촬영하여 편집해서 만든 '브이로그'를 유튜브에 업로드하는 사람들도 많아졌다. 대부분의 사람들은 브이로그를 만들 때 직접 촬영한 영상에 어울리는 음악도 삽입한다. 이 경우 영상은 내가 촬영했기 때문에 문제되지 않지만, 영상에 삽입한 음악은 타인의 저작물이기 때문에 별도의 이용 허락을 받지 않았다면 저작권 침해가 성립한다. 그렇다면 내가 좋아하는 곡을 직접 연주한 후 녹음하여 유튜브 브이로그의 배경음악으로 넣는 것은 괜찮을까?

A

음반에 실리는 음악이 만들어지기까지 얼마나 많은 사람이 관여하게 될까? 우리가 즐겨듣는 음악은 해당 음악을 작곡한 작곡가와 가사를 쓴 작사가, 그 음악을 연주한 연주자, 노래를 부른 가수, 음반제작자 등 다양한 사람들의 관여를 통해 탄생하게 된다. 그렇다면 이처럼 다양한 사람들의 관여를 통해 만들어지는 음악의 저작권자는 누가 될까?

먼저, 곡과 가사를 '창작한' 작곡가와 작사가가 그 곡과 가사의 저작권자가 될 것이다. 그렇다면 연주자나 가수, 음반제작자에게는 어떠한 권리가 인정될까? 저작권법은 창작자인 저작권자뿐만 아니라 해당 저작물을 노래하고 연주하거나 제작한 자들의 권리를 '저작인접권'이라는 별도의 권리로 보호하고 있다. 우리나라에서는 실연자, 음반제작자, 방송사업자에게 저작인접권이 주어진다(☞ 58쪽 〈저작인접권〉).

여기서 '실연자'는 저작물을 노래하거나 연주한 자를 말하며, '음반제작자'는 엔터테인먼트 회사처럼 "음반을 최초로 제작하는 데 있어 전체적으로 기획하고 책임을 지는 자"를 말한다(제2조 제4호, 제6호).

저작권법은 이러한 저작인접권자에게도 저작자가 가지는 '저작재산권'과 '저작인격권'의 내용을 대부분 인정하고 있다. 즉 저작재산권인 복제권, 배포권, 대여권, 공연권, 방송권, 전송권과, 저작인격권인 성명표시권, 동일성유지권까지 다양한 권리들을 인정하고 있다(☞ 59쪽 〈저작인접권〉).

따라서 음악을 이용하려면, 저작권자 외에도 그 노래를 연주한 실연자, 음반제작자 등 저작인접권자의 이용 허락이 필요하다(참고로 음악을 이용하기 위해 실연자, 음반제작자, 작곡가, 작사가 등을 일일이 찾아가 허락을 받기란 상당히 어려운 일이다. 이에 우리나라는 한국음악저작권협회, 한국음악실연자연합회 등 신탁기관을 통해 저작권료를 지불하면 저작물을 이용할 수 있도록 하고 있다. ☞ 105쪽 〈알아두면 쓸모 있는 저작권 웹사이트〉).

그런데 내가 직접 연주한 음악이라면 별도의 실연자 (연주자)가 존재하지 않기 때문에 실연자의 허락을 받을 필요는 없고, 제작된 음반을 이용하는 것도 아니므로 음반제작자에게 허락받을 필요도 없다. 하지만 타인이 작곡한 음악을 연주하는 것이라면 그 음악의 저작권자인 작곡가의 이용 허락은 받아야 한다. 즉 내가 직접 연주한 곡일지라도 작곡가로부터 이용 허락을 받지 않을 경우 저작권 침해가 성립한다.

유튜브는 유튜브 스튜디오의 '오디오 보관함'(https://studio.youtube.com)을 통해 저작권 침해가 발생하지 않는 무료 음악을 소개하고 이를 자유롭게 이용할 수 있도록 하고 있다. 따라서 저작권 침해가 발생하지 않는 무료 음악을 사용하는 것도 좋은 대안이 될 수 있다.

저작권료를 지불하고 만든 야구 응원가,
저작권 침해일까?

② 음악저작물 → ⑦ 2차적저작물작성권
저작인격권(동일성유지권·성명표시권)

야구장을 좋아하는 사람이라면 모두 야구 응원가를 몇 개씩
은 외우고 있다. 보통 야구 응원가는 기존에 유행하는 가요
를 변형하여 부르는데, 당연히 이 경우에도 저작권이 문제
된다. 그래서 프로야구 구단들은 한국음악저작권협회와 이
용 계약을 체결해 저작권료를 지불해왔다. 그런데 작곡가와
작사가 등 저작권자들은 구단을 상대로 소송을 제기했다.

무엇이 문제였을까? 저작권료를 지불하고 응원가를 만든 프로야구단, 정말로 저작권을 침해한 것일까?

A

사람들이 야구를 좋아하는 이유는 제각각이지만, 그 응원 문화를 빼놓을 수 없을 것이다. 야구장에 모여 선수들이 입장할 때마다 목청껏 함께 노래 부르고 응원하면서 카타르시스를 느끼는 것이 야구 흥행에 큰 부분을 차지한다.

그런데 비교적 최근까지 '야구장 응원가'가 저작권 침해 논란에 휩싸여 있었다. 프로야구 구단은 한국음악저작권협회에 노래에 대한 사용료를 지불해왔지만, 그럼에도 불구하고 작곡가와 작사가들은 저작권을 침해당했다고 주장하며 소송을 제기했던 것이다. 협회에 허락을 받고 사용료를 냈으니 노래를 원곡 그대로 사용하는 것은 괜찮은데, 곡를 빠르게 바꾸거나 가사를 개사하는 등 마음대로 바꾸어 부른 것은 저작권 침해라는 주장이었다.

소송은 수년간 이어져서 최근에야 확정되었다. 1심에서 원고였던 작곡가와 작사가들은 패소하여 저작권 침해를 전혀 인정받지 못했다. 그러나 이에 항소하여 2심에서는 저작권 일부를 인정받았는데 그것이 '성명표시권' 침해였다. 노래를 응원가로 사용하면서 저작권자의 이름을 표시하지 않았다는 것이다. 그러나 역시 노래 자체, 즉 악곡과 가사를 바꾸어 부른 데 대한 작곡가와 작사가의 저작권 침해는 인정되지 않았다. 이에 대해 자세히 살펴보자.

첫째로, 어째서 작곡가의 저작권 침해가 인정되지 않았는지 살펴보자. 멜로디나 박자, 화성 등 악곡의 경우, 프로야구 구단에서 원곡을 크게 바꾸지 않았다는 게 핵심이었다. 원곡을 바꾸게 되면, 내가 만든 노래를 다른 사람이 마음대로 변형해서 사용할 수 없고 동일하게 유지되어야만 한다는 권리인 '동일성유지권'(☞ 57쪽 〈저작인격권〉), 또는 원곡을 편곡하는 등 다양한 방법으로 재작성할 권리인 '2차적저작물작성권'(☞ 73쪽 〈저작재산권의 7가지 종류〉 ⑦)이 문제될 수 있다. 그런데 일반적인 야구장 관객들이 들었을 때 응원가가 원곡과의 차이를 거의 못 느낄 정도로 미세하게 변형된 데 불과했으므로, 원곡을 훼손하지 않았다고 본 것이다. 즉 원곡을 변형한 것 자체가 인정되지 않으니 동일성유지권을 침해하지 않았고, 원곡을 편곡했다고 볼 수준도 아니어서 2차적저작물작성권도 침해하지 않았다고 본 것이다.

둘째로, 어째서 작사가의 저작권 침해가 인정되지 않았는지 살펴보자. 응원가 가사의 경우는 악곡을 거의 바꾸지 않은 것과 반대로, 기존 가사와는 완전히 다른 새로운 가사로 바꾸어 불렀기 때문에 저작권 침해 여지가 없다고 보았다. 쉽게 말해, 법원은 응원가의 가사를 원곡과는 전혀 다른 '별개의 저작물'로 본 것이다. 그래서 작사가들의 동일성유지권이나 2차적저작물작성권의 침해도 모두 인정되지 않았다.

최종적으로 법원이 인정한 것은 성명표시권 침해 하나였다. 저작자는 저작물에 나의 이름을 표시할 것을 요구하는 권리를 가진다(☞ 57쪽 〈저작인격권〉). 따라서 프로야구 구단에서 응원가를 사용하면서 적어도 작곡가의 이름 정도는 어떻게든 표시를 했어야 했는데 그러지 않았다는 것이다. 그런데 응원가를 부르면서 작곡가의 이름을 표시하는 것이 가능할까?

이에 대해 법원은 응원가를 부를 때 "홈구장 전광판에 저작자의 성명을 표시"한다거나, "야구 경기가 종료되고 난 후 해당 경기에 사용되었던 응원가 저작자의 성명을 전광판에 한꺼번에 열거하는 방식으로 표시"하는 등 얼마든지 저작자의 성명을 표시하는 것이 가능하다고 보았다(서울고등법원 2021. 10. 21. 선고 2019나2016985 판결). 저작권자들 입장에서는 만족할 수 없는 결과였겠으나, 적어도 성명을 표시해야 한다는 사실 만큼은 인정받은 셈이다.

표기해야 하는 성명, 즉 출처는 저작권자에게는 영혼과도 같은 것이다. 저작권자들은 때론 돈이나 인기, 명예를 바라기도 하지만, 그보다 더 근본적으로 원하는 것은 자기의 작품이 그저 자기 것으로 인정받는 것이다. 원저작자 입장에서는 자기 노래가 수만 명의 사람 앞에서 울려 퍼지는데, 사람들이 원래 누가 만든 음악인지도 모른다고 생각하면 충분히 억울할 수 있을 것이다.

'성명표시권'과 같은 저작인격권은 그러한 저작권자의 '인격' 또는 '인권'을 보호하기 위해 만들어진 것이다. 설령 한국음악저작권협회 등 저작물 신탁관리협회에 사용료를 지불하고 사용 허락을 받았다 하더라도, 저작인격권은 다른 사람에게 양도될 수 없는 권리이다. 성명 표시야말로 창작자를 존중하는 기본 중의 기본인 셈이다.

모델하우스를 사진 촬영하면
저작권 침해일까?

⑤ 건축저작물 → ① 복제권

아파트 분양 계약을 체결하면 건설사에서는 모델하우스를 제
공한다. 분양을 받은 계약자들은 아파트가 모델하우스와 같
게 건축되는지 확인하기 위해 모델하우스 내부의 사진을 촬
영하려 하고, 건설사는 이러한 사진 촬영을 저작권 침해라며
금지하는 경우가 많다. 그렇다면 정말로 모델하우스의 사진
을 촬영하는 것이 건설사의 저작권을 침해하는 것일까?

A

　'저작물'은 인간의 사상 또는 감정을 표현한 창작물을 말한다. 모델하우스 또한 인간이 사상 또는 감정을 표현한 창작물로서 '건축저작물'에 해당한다. 이러한 건축저작물인 모델하우스를 사진 촬영하는 경우 모델하우스 저작권자의 '복제권'을 침해하는 행위가 될 수 있다. 복제에는 복사기를 통한 인쇄뿐만 아니라 사진 촬영, 스캔, 녹음, 녹화 등이 모두 포함된다(☞ 71쪽 〈저작재산권의 7가지 종류〉①).

　그렇다면 모델하우스를 사진 촬영하는 경우 무조건 저작권자의 복제권을 침해하는 것일까? 그렇지 않다. 저작권법은 복제권을 제한하는 예외 규정을 두고 있다. 비영리 목적으로 개인적으로만 이용하거나 가정 내에서만 사용하는 정도라면 저작물을 복제할 수 있다(☞ 78쪽 〈저작재산권을 제한하는 경우들〉⑦). 이와 관련한 법조항을 구체적으로 살펴보자.

　제30조(사적 이용을 위한 복제) 공표된 저작물을 영리를 목적으로 하지 아니하고 개인적으로 이용하거나 가정 및 이에 준하는 한정된 범위 안에서 이용하는 경우에는

그 이용자는 이를 복제할 수 있다. 다만, 공중의 사용에 제공하기 위하여 설치된 복사기기, 스캐너, 사진기 등 문화체육관광부령으로 정하는 복제기기에 의한 복제는 그러하지 아니하다.

여기서 '공표'란 "저작물을 공연, 공중송신 또는 전시 그밖의 방법으로 공중에게 공개하는 경우와 저작물을 발행하는 경우"를 말한다(제2조 제25호). 모델하우스는 인터넷의 사이버 주택전시관의 형태로도 전시되고, 거리에 설치되어 대중에게 전시되기 때문에 공표된 저작물로 볼 수 있다. 따라서 이러한 공표된 저작물인 모델하우스를 영리 목적이 아니라, 추후 발생할 수 있는 법적 분쟁에 대비하는 등 개인적으로 이용하기 위해 촬영하는 경우에는 저작권 침해가 성립하지 않는다.

다만 위 조항은 개인적으로 이용하기 위해 '복제'하는 경우, 즉 사진 촬영하는 경우에 한해 적용되기 때문에 촬영한 사진을 타인에게 배포하거나 전시하는 경우 저작권 침해가 성립하므로 주의가 요구된다.

누군가 내 카페의 인테리어를
그대로 모방한다면?

⑤ 건축저작물 → ① 복제권

어느새 전국 어디에서나 갈 수 있는 대형 프랜차이즈 카페
보다 동네에 자리 잡은 예쁘고 독특한 인테리어를 갖춘 개
인 카페가 큰 인기를 얻고 있다. 오랜 시간 고민 끝에 독특하
고 예쁜 인테리어를 구상하여 카페를 오픈했는데, 누군가가
내가 창작한 인테리어를 그대로 모방한 카페를 만들었다면,
나는 법적으로 어떤 대응을 할 수 있을까?

과연 카페 인테리어는 저작권법의 보호를 받는 저작물일까? '저작물'은 인간의 사상 또는 감정을 표현한 창작물을 말한다. 카페 인테리어는 카페라는 건축물을 구성한다는 점에서 건축물로 볼 수 있는데, 그 인테리어가 사상 또는 감정을 표현한 창작성을 지니고 있다면 '건축저작물'로 인정받을 수 있다. 즉 내가 만든 카페 인테리어가 창작성이 인정되어 저작물로 보호받을 경우, 나는 내 카페 인테리어를 모방한 카페 사장님을 상대로 '복제권' 침해를 주장할 수 있다(☞ 71쪽 〈저작재산권의 7가지 종류〉 ①).

그러나 저작권 침해를 인정받기 위해서는 주장에만 그쳐서는 안 되고 그 사실을 입증해야 한다. 저작권법에 따르면 저작권 침해를 인정받기 위해서는 다음의 2가지 요건을 충족시켜야 한다(☞ 87쪽 〈저작권 침해를 판단하는 기준〉). 첫째로 침해자의 저작물이 기존의 저작물에 '접근'해야 한다. 가령 A작품과 B작품이 아무리 유사하다 할지라도, A작품을 만든 사람이 B작품을 본 적도 없다면 저작권 침해가 성립할 수가 없다. 둘째로 기존의 저작물과 '실질적 유사성'이 있어야 한다.

저작권의 보호 대상은 "인간의 사상 또는 감정을 표현한 창작물"이므로, 두 저작물 사이에 실질적인 유사성이 있는지를 판단할 때에는 '창작적인 표현 형식'에 해당하는 것만을 가지고 대비해보아야 한다. 예컨대 상대 카페가 내 카페만의 독특한 인테리어 구조나 색감, 콘셉트 등을 참고하여 인테리어 외벽의 구체적인 마감 형태, 색감, 전체적인 느낌 등이 상당히 유사한 인테리어를 시공했다면 저작권 침해가 인정될 것이다.

최근 대법원은 "건축사인 피고인이 갑으로부터 건축을 의뢰받고, 을이 설계·시공한 카페 건축물의 디자인을 모방하여 갑의 카페 건축물을 설계·시공함으로써 을의 저작권을 침해하였다는 내용으로 기소된 사안"에서, 을의 건축물의 창작성이 인정되고, 피고인이 설계·시공한 카페 건축물과 을의 건축물 사이에 실질적 유사성이 인정된다고 판단하며 피고인에 대해 벌금 500만 원을 선고한 원심판단을 수긍하였다(대법원 2020. 4. 29. 선고 2019도9601 판결).

저작권 침해가 인정될 경우 저작권자는 저작권을 침해하는 자에 대하여 민사상 손해배상을 청구하거나, 형사상 고소할 수 있을 뿐만 아니라, 침해의 정지를 청구할 수도 있다. 즉 누군가가 내가 창작한 인테리어를 그대로 모방한 카페를 만들었다면, 인테리어를 모방한 자를 상대로 민사상

손해배상을 청구하거나, 저작권침해죄로 고소할 수 있을 뿐
만 아니라, 인테리어 사용의 금지를 청구할 수도 있다.

현실의 건축물을 메타버스에서 모방해도 될까?

⑤ 건축저작물 → ① 복제권 ⑦ 2차적저작물작성권

최근 현실세계에 있는 건축물들을 그대로 모방하여 가상세계에 구축하는 메타버스 플랫폼들이 등장하고 있다. 메타버스 플랫폼 운영자 갑 또한 플랫폼 이용자들이 메타버스 안에서 마치 현실에 있는 것처럼 느끼고 행동할 수 있도록 개방된 장소에 있는 건축물을 모방하여 메타버스 세계에 구현하고자 한다. 그런데 이처럼 건축물을 모방할 경우, 저작권 침해 문제가 발생하지 않을까?

A

건축물은 말 그대로 '건축저작물'에 해당하여 저작권법의 보호를 받는다. 이러한 건축저작물을 그대로 모방하여 메타버스에 구현할 경우, '복제권'이나 '2차적저작물작성권' 등을 침해할 우려가 있다. 이 2가지 권리를 차례로 살펴보자.

복제권은 저작물을 복제할 권리로, 특히 건축물의 경우에는 그 건축을 위한 모형 또는 설계도에 따라 건축물을 시공하는 것을 포함한다(☞ 71쪽 〈저작재산권의 7가지 종류〉 ①). 즉 건축물을 사진 촬영하여 이를 책, 게시판, 엽서 등에 활용하거나, 건축물을 모방하여 이를 시공하는 행위 등이 '복제'에 해당하는 것은 분명해 보인다.

그러나 저작권법 제35조 제2항은 이러한 복제권과 관련하여 건축저작물을 저작권자의 허락 없이 이용할 수 있는 경우를 정하고 있다. 즉 공중에게 개방된 장소에 항시 전시된 미술·건축·사진 저작물은, 판매 목적 등 일정한 경우를 제외하면 누구나 복제하여 이용할 수 있다(☞ 79쪽 〈저작재산권을 제한하는 경우들〉 ⑫). 판매 목적 등이 아니라면, 광화문의

세종대왕 동상과 같이 공중에게 개방된 장소에 항시 전시되는 저작물은 저작권자의 동의 없이도 사진 촬영 등 복제가 가능한 것이다.

그런데 한 가지 문제가 있다. 건축물을 모방하여 메타버스에 구현하는 행위를 과연 '복제'라고 볼 수 있을까? 즉 현실세계의 건축물을 모방하여 컴퓨터 그래픽 등을 이용해 메타버스 영상 또는 이미지로 구현하는 행위를 사진 촬영, 스캔, 녹음, 녹화 등을 의미하는 복제로 볼 수 있는지가 문제된다. 이와 관련하여 현실세계의 골프 코스를 이용해 스크린골프 시뮬레이션용 3D 골프 코스 영상을 제작한 행위에 관해 판단한 다음 판례를 살펴보자.

> 피고 회사가 이 사건 각 골프장의 골프 코스를 이용하여 스크린골프 시뮬레이션용 3D 골프 코스 영상을 제작하는 것은 원저작물로서 건축저작물인 이 사건 각 골프장의 골프 코스를 3D 컴퓨터 그래픽 등을 이용하여 3D 골프 코스 영상으로 다시 창작하는 것으로서 2차적저작물의 작성에 해당하므로, 피고 회사의 위와 같은 행위가 저작권법 제35조 제2항에 따라 허용되는 적법한 행위라고 볼 수도 없다(서울고등법원 2016. 12. 1. 선고 2015나 2016239 판결).

즉 법원은 현실세계의 골프 코스를 컴퓨터 그래픽 등을 이용하여 3D 골프 코스 영상으로 창작해 가상 공간에 구현하는 행위가 '복제'가 아닌 '2차적저작물의 작성'에 해당한다고 보았다. 위 판례에 따르면, 건축물을 메타버스라는 가상세계에 구현하는 행위도 복제가 아닌 2차적저작물의 작성에 해당할 것으로 생각된다. 즉 건축저작물을 메타버스라는 가상세계에 구현하는 것은 원저작물을 '2차적으로' 재창작한다는 점에서, 복제권이 아니라 '2차적저작물작성권'(☞ 73쪽 〈저작재산권의 7가지 종류〉⑦)을 침해하는 행위가 될 수 있는 것이다.

그렇다면 앞에서 살펴본 복제권과 마찬가지로, 2차적저작물작성권에 대해서도 저작물을 저작권자의 허락 없이 이용할 수 있는 저작권법 제35조 제2항이 적용될까? 그렇지 않다. 저작권법 제35조 제2항은 복제권에 적용되는 저작권 제한규정이기 때문에 2차적저작물작성권에는 적용되지 않는다. 따라서 공중에 개방되어 항시 전시되는 건축물이라 하더라도 저작권자의 허락 없이 가상세계에 구현한다면, 저작권자의 2차적저작물작성권을 침해하는 행위가 성립할 수 있는 것이다.

다만 이처럼 건축물을 가상세계에 구현하는 행위가 저작물의 공정한 이용에 해당한다면 저작권 침해가 성립하지 않는다(☞ 79쪽 〈저작재산권을 제한하는 경우들〉 ⑮). 저작물의 공정한 이용에 해당하는지를 판단할 때에는 "이용의 목적 및 성격, 저작물의 종류 및 용도, 이용된 부분이 저작물 전체에서 차지하는 비중과 그 중요성, 저작물의 이용이 그 저작물의 현재 시장 또는 가치나 잠재적인 시장 또는 가치에 미치는 영향" 등을 고려하여야 한다.

토렌트로 영화를
다운받았을 뿐인데…

㉓ 영상저작물 → ① 복제권 ④ 공중송신권 (전송권)

A는 파일 공유 프로그램인 토렌트에서 영화 파일을 다운로
드해서 감상했다. 그런데 며칠 후 영화제작사로부터 저작권
을 침해하였으니 합의금을 지급하라는 내용증명을 받게 되
었다. 토렌트 파일을 다운로드해 방에서 혼자 영화를 감상한
A, 영화제작사의 저작권을 침해한 것일까?

A

토렌트는 다운로드 속도가 빠를 뿐 아니라 별도의 인증 절차 없이 무료로 이용이 가능하기 때문에 많은 사람이 불법으로 업로드된 영화나 드라마 등을 토렌트를 통해 다운받고 있다. 이와 같이 영화를 저작권자의 허락 없이 무단으로 다운로드할 경우, 저작권자의 '복제권'을 침해할 수 있다.

그러나 저작권법은 비영리 목적으로 개인적으로만 이용하거나 가정 내에서만 사용하는 정도라면 저작권자의 허락 없이도 저작물을 복제할 수 있게 하는 규정을 두어 복제권을 일부 제한하고 있는데, 이를 '사적 이용을 위한 복제'라고 한다(☞ 78쪽 〈저작재산권을 제한하는 경우들〉 ⑦). 즉 저작물을 방에서 혼자 감상하는 등 개인적으로 이용하기 위해 다운로드한 것이라면 저작권 침해가 성립하지 않을 수 있는 것이다.

그렇다면 A는 저작권을 침해하지 않은 것이 아닐까? 그렇지 않다. 법원의 판례를 살펴보자.

업로드되어 있는 영화 파일이 명백히 저작권을 침해한 파일인 경우에까지 이를 원본으로 하여 사적 이용을 위

한 복제가 허용된다고 보게 되면 저작권 침해의 상태가 영구히 유지되는 부당한 결과가 생길 수 있으므로, 다운로더 입장에서 복제의 대상이 되는 파일이 저작권을 침해한 불법 파일인 것을 미필적으로나마 알고 있었다면 위와 같은 다운로드 행위를 사적 이용을 위한 복제로서 적법하다고 할 수는 없다(서울중앙지방법원 2008. 8. 5. 자 2008카합968 결정).

결국 사례에서 A가 다운로드한 영화 파일이 불법 파일인 것을 인지하고 있었다면, 이를 개인적으로 이용하기 위해 다운로드했을지라도 복제권 침해가 성립한다.

그런데 여기서 주목할 것은, 토렌트 파일을 다운로드할 경우 토렌트 프로그램의 특성상 '다운로드'뿐만 아니라 '업로드'도 동시에 이루어진다는 점이다. 따라서 영화와 같은 영상저작물을 다운로드하는 '복제' 행위뿐만 아니라, 업로드하는 '전송' 행위도 함께 이루어져 '전송권'을 침해하는 행위가 발생하게 된다(☞ 72쪽 〈저작재산권의 7가지 종류〉④). 저작권법상 '사적 이용을 위한 복제' 규정은 '복제' 행위에만 적용될 뿐 '전송' 행위에는 적용되지 않기 때문에, 개인적으로 이용하는 경우일지라도 '전송' 행위에 해당하는 '업로드'가 이루어진 경우에는 전송권 침해가 성립하게 된다.

정리하자면, A가 혼자서 감상할 목적으로 토렌트 파일을 다운로드했다 할지라도, 파일이 불법 파일인 것을 인지하고 있었다면 복제권의 침해에 해당하고, 심지어 몰랐다고 할지라도, 파일의 업로드 행위도 동시에 이루어졌기 때문에 전송권 침해에 해당하여 저작권 침해에서 자유로울 수 없다(다만, 일반 웹하드처럼 업로드가 동시에 이루어지지 않는 경우에는, 별도로 전송권 침해 문제는 발생하지 않을 수 있다).

최근 들어 저작권자가 불법으로 저작물을 다운로드한 사람들을 상대로 내용증명을 보내며 합의금을 요구하는 사례가 증가하고 있다. 토렌트 파일을 다운로드한 경우 IP 추적이 가능하기 때문에 저작권자로부터 민사상 손해배상 청구를 당할 수 있을 뿐만 아니라, 형사상 고소를 당할 수도 있으므로 주의가 요구된다.

카페에서 영화를
보여준다면?

⑦ 영상저작물 → ② 공연권

요즘 빔프로젝터를 설치하여 벽면이나 스크린에 예쁜 영상을 비추어주는 감성 카페나 음식점들을 흔치 않게 볼 수 있다. 그렇다면 카페에 온 손님들에게 그런 방식으로 무료로 영화를 상영해줘도 괜찮을까? 물론 유료 사이트에서 정당한 대가를 지급하고 합법적으로 다운받은 영화를 말이다.

A

위 사례와 같이 영화를 저작권자의 이용 허락 없이 상영할 경우 저작권자의 '공연권'을 침해할 우려가 있다. 공연에는 연주, 가창, 낭독 등 일반적으로 우리가 생각하는 공연뿐만 아니라 상영, 재생도 포함된다(☞ 71쪽 〈저작재산권의 7가지 종류〉②〉). 따라서 저작권자의 허락 없이 영화를 상영한다면 저작권자의 공연권을 침해하는 행위가 된다.

그러나 저작권법은 청중이나 관중으로부터 대가를 받지 않는 경우에는 저작권자의 허락 없이도 상업용 음반이나 영상저작물을 재생하여 공연할 수 있다고 정하고 있다(제29조 제2항).

제29조(영리를 목적으로 하지 아니하는 공연·방송) ② 청중이나 관중으로부터 당해 공연에 대한 반대급부를 받지 아니하는 경우에는 상업용 음반 또는 상업적 목적으로 공표된 영상저작물을 재생하여 공중에게 공연할 수 있다. 다만, 대통령령이 정하는 경우에는 그러하지 아니하다.

그런데 이처럼 대가를 받지 않았다는 이유만으로 상

업용 음반이나 영상저작물의 자유이용을 허용하게 되면, 저작권자의 경제적 이익을 심각하게 훼손할 수 있다. 그래서 저작권법은 "대통령령이 정하는 경우"에는 공연에 대한 대가를 받지 않은 경우에도 저작권자의 허락을 받도록 하고 있는데(제29조 제2항 단서), 여기서 중요한 것은 '어디에서 상영하느냐'이다. 즉 다양한 장소에 따라 저작권자의 허락을 받아야 하는 경우를 정하고 있다. 아래 저작권법 시행령(대통령령)을 구체적으로 살펴보자.

제11조(상업적 목적으로 공표된 음반 등에 의한 공연의 예외) 법 제29조제2항 단서에서 "대통령령이 정하는 경우"란 다음 각 호의 어느 하나에 해당하는 공연을 말한다.

1. 「식품위생법 시행령」 제21조제8호에 따른 영업소에서 하는 다음 각 목의 공연

가. 「식품위생법 시행령」 제21조제8호가목에 따른 휴게음식점 중 「통계법」 제22조에 따라 통계청장이 고시하는 산업에 관한 표준분류(이하 "한국표준산업분류"라 한다)에 따른 커피 전문점 또는 기타 비알코올 음료점업을 영위하는 영업소에서 하는 공연

나. 「식품위생법 시행령」 제21조제8호나목에 따른 일반음식점 중 한국표준산업분류에 따른 생맥주 전문점 또

는 기타 주점업을 영위하는 영업소에서 하는 공연

다.「식품위생법 시행령」제21조제8호다목에 따른 단란주점과 같은 호 라목에 따른 유흥주점에서 하는 공연…

라. 가목부터 다목까지의 규정에 해당하지 아니하는 영업소에서 하는 공연으로서 음악 또는 영상저작물을 감상하는 설비를 갖추고 음악이나 영상저작물을 감상하게 하는 것을 영업의 주요 내용의 일부로 하는 공연…

따라서 영화 감상에 대해 아무런 대가를 받지 않고 무료로 영화를 상영했더라도, 그 장소가 위 사례와 같은 카페라면, 저작권법 시행령 제11조 제1호 가목에 해당하여 저작권법 위반이 성립할 수 있다.

그렇다면 카페에서 유료 사이트에서 합법적으로 구매한 영화를 상영하는 것은 어떨까? 유료 사이트에서 구매한 영화라고 하더라도 영화를 이용할 수 있는 범위는 영화를 구매한 회원의 개인적이고 비상업적인 이용에 한정하는 경우가 많다. 따라서 이 경우 카페에서 손님들을 위해 영화를 상영해주는 것은 이용 허락의 범위를 넘어서게 되는 것이어서 저작권법 침해가 성립하게 된다.

정리하자면, 카페에서 손님들에게 영화를 상영해줄

경우, 그 영화가 유료 사이트에서 합법적으로 구매한 것이고, 대가를 지급받지 않고 무료로 상영했더라도 저작권법 위반이 성립할 수 있다.

유튜브 동영상을 링크한 행위도
죄가 될까?

⑦ 영상저작물 → ① 복제권 ③ 전시권 ④ 공중송신권 (전송권)

여행을 좋아하는 A는 코로나 확산으로 인해 여행을 떠나기
어려워지자, 여행 유튜브 동영상을 보며 대리만족을 느끼고
있다. A는 여행 블로그도 운영하는데, 마음에 드는 여행 동
영상의 링크를 자신의 블로그에 게시하며 여행지 소개글을
작성했다. 그러던 어느 날, A는 여행 동영상의 저작권자로부
터 저작권을 침해하였으니 블로그 게시글을 삭제하고 합의

금을 지급하라는 내용증명을 받게 되었다. 여행 동영상을 허락 없이 링크한 행위, 과연 저작권 침해일까?

Ⓐ

　　유튜브 동영상은 '영상저작물'에 해당하여 저작권법의 보호를 받는다. 이때 사례에서와 같이 동영상을 링크하는 행위와 관련하여 문제되는 권리로는 '복제권', '전송권', '전시권'을 생각해볼 수 있다(☞ 71쪽 〈저작재산권의 7가지 종류〉① ③ ④).

　　첫째로, 타인의 동영상을 그대로 가져다 썼다는 점에서 복제권 침해를 생각해볼 수 있다. 둘째로, 개별적으로 선택한 시간과 장소에서 저작물을 이용할 수 있게 하는 권리인 전송권 침해를 생각해 볼 수 있다. 인터넷 사이트에 자료를 게시하거나 검색할 수 있도록 저장하여 다른 사람들이 이에 접속하여 자료를 내려받거나 또는 스트리밍 방식으로 보거나 들을 수 있도록 제공하는 것 또한 '전송'에 해당한다(임원선,《실무자를 위한 저작권법》제5판, 한국저작권위원회, 2018, 143쪽). 셋째로, 저작물을 전시할 권리인 전시권 침해를 생각해볼 수 있다. 전시권의 경우 저작권법이 별도의 정의 규정을 두고 있지 않지만, 대법원은 '전시'를 "원작품이나 그 복제물 등의 유형물을 일반인이 자유로이 관람할 수 있도록 진열하거나 게시하는 것을 말한다"고 판시하였다(대법원 2010. 3. 11. 선고 2009다4343 판결).

그렇다면 저작권자의 동영상을 허락 없이 링크한 행위는 위 복제, 전송 또는 전시에 해당하여 저작권자의 권리를 침해하는 것일까? 아래 대법원 판례를 살펴보자.

이른바 인터넷 링크Internet link는 인터넷에서 링크하고자 하는 웹페이지나 웹사이트 등의 서버에 저장된 개개의 저작물 등의 웹 위치 정보 내지 경로를 나타낸 것에 불과하여, 비록 인터넷 이용자가 링크 부분을 클릭함으로써 링크된 웹페이지나 개개의 저작물에 직접 연결한다 하더라도, 이는 구 저작권법(2006. 12. 28. 법률 제8101호로 전부 개정되기 전의 것) 제2조 제14호에 규정된 '유형물에 고정하거나 유형물로 다시 제작하는 것'에 해당하지 아니하고, 또한 저작물의 전송 의뢰를 하는 지시 또는 의뢰의 준비 행위로 볼 수 있을지언정 같은 조 제9호의2에 규정된 '송신하거나 이용에 제공하는 것'에 해당하지 아니함은 물론, 같은 법 제19조에서 말하는 '유형물을 진열하거나 게시하는 것'에도 해당하지 아니한다. 그러므로 위와 같은 링크를 하는 행위는 구 저작권법이 규정하는 복제, 전송 및 전시에 해당하지 않는다(대법원 2010. 3. 11. 선고 2009다4343 판결).

즉 대법원은 인터넷 링크를 하는 행위는 저작권법이 규정하는 복제, 전송, 전시에 해당하지 아니하므로, 저작권 침해가 아니라고 판단하였다. 따라서 사례의 주인공이 여행 동영상 링크를 자신의 블로그에 게시한 행위는 저작권 침해 행위에 해당하지 않는다.

그렇다면 위 사례와 달리 불법 웹사이트의 링크를 블로그에 게시하는 행위는 어떨까? 최근 영화나 드라마 등 영상저작물을 저작권자의 허락 없이 불법으로 스트리밍해주는 웹사이트들을 심심찮게 볼 수 있다. 대법원은 최근 이러한 웹사이트의 불법성을 충분히 인식하면서 해당 사이트에 연결되는 링크를 자신이 운영하는 사이트에 영리적·계속적으로 게시한 경우 저작권 침해를 용이하게 하는 행위, 즉 방조한 행위에 해당한다고 판시하였다(대법원 2021. 9. 9. 선고 2017도19025 전원합의체 판결).

정리하자면, 유튜브 동영상을 단순히 링크만 한 행위는 일반적으로 저작권 침해에 해당하지 않는다(대법원은 본 전원합의체 판결을 통해 인터넷 이용자가 링크 클릭을 통해 저작자의 공중송신권 등을 침해하는 웹페이지에 직접 연결되더라도 링크를 한 행위가 '공중송신권 침해 행위의 실행 자체를 용이하게 한다고 할 수는 없다'는 이유로, 링크 행위만으로는 공중송신권 침해의 방조 행위에 해당한다고 볼 수 없다고 본 종전 판례의 견해를 변경하였다).

그러나 불법 웹사이트로 연결되는 유튜브 동영상 링크를 올려두는 행위는 저작권 침해의 방조 행위에 해당할 수 있다. 즉 불법 웹사이트 자체가 범죄를 저지르고 있는 상태인데, 이러한 불법을 알면서도 링크를 했으니 그러한 불법 웹사이트 범죄를 방조한 것이 되는 셈이다.

영화 장면을 편집해서
유튜브에 올려도 될까?

㉮ 영상저작물 → ① 복제권
④ 공중송신권(전송권) ⑦ 2차저작물작성권

최근 영화나 애니메이션의 숨은 의미를 해석해주거나, 줄거리를 요약해 짧은 영상으로 보여주는 유튜브 채널이 많이 등장하고 있다. 바쁜 현대인들이 출퇴근 시간에 가볍게 시청할 수 있는 요약된 짧은 유튜브 영상을 선호하는 현상이 나타나는 것이다. 그렇다면 이처럼 영화나 애니메이션 중 일부 장면을 편집하거나 요약하여 유튜브를 통해 보여주는

3초 09...

것은 저작권 침해가 아닐까?

A

　영화나 애니메이션을 저작권자의 허락 없이 편집하여 자신의 유튜브 채널에 게시하는 행위는 저작권자의 저작권을 침해할 우려가 있다. 구체적으로, 복사·녹화의 방법으로 저작물을 복제한다는 점에서 '복제권'을 침해하는 행위에 해당한다. 또한 공중의 구성원에 해당하는 구독자가 개별적으로 선택한 시간과 장소에서 접근할 수 있도록 해당 영상저작물을 제공한다는 점에서 '전송권'을 침해하는 행위에도 해당한다. 나아가 영화 장면을 편집하거나 변형을 가한 영상을 올린다면, 원저작물을 '2차적으로' 재작성한다는 점에서 '2차적저작물작성권'도 침해하는 행위가 된다(☞ 71쪽 〈저작재산권의 7가지 종류〉① ④ ⑦).

　다만 업로드된 영상의 장면이 5초 정도로 극히 일부에 불과하다면, 저작물을 공정하게 이용하는 경우로 인정되어 저작권 침해가 성립하지 않을 수도 있다(☞ 79쪽 〈저작재산권을 제한하는 경우들〉 ⑮). 저작물의 공정한 이용에 해당하는지를 판단할 때에는 "이용의 목적 및 성격, 저작물의 종류 및 용도, 이용된 부분이 저작물 전체에서 차지하는 비중과 그 중요성, 저작물의 이용이 그 저작물의 현재 시장 또는 가치나 잠재적인 시장 또는 가치에 미치는 영향"의 사항 등을 고려해야 하는데(제35조의5), 구체적인 기준이 별도로 정해져 있는 것은 아니기 때문에 사례에 따라 법원의 판단을 받을 수밖에 없다.

　또한 영화를 '비평'할 목적으로 제작된 영화 리뷰 채널에서 영화 장면 중 일부를 '보도, 비평, 교육, 연구 등을 위해 정당한 범위 안에서 공정한 관행에 합치되게' 인용하는 경우에도 역시 저작권 침해가 부정될 수 있다(☞ 77쪽 〈저작재산권을 제한하는 경우들〉 ⑤). 다만 이 경우에도 정당한 범위 안에서 인용해야 하므로 영화 전체의 줄거리가 드러날 정도로 대부분의 영화 장면을 게시하는 경우에는 본 조항이 적용될 수 없을 것이다. 이러한 인용과 관련해서는 〈책이나 시를 인용하는 것도 저작권법 위반일까?〉(☞ 121쪽)에서 자세히 다루었으니, 응용해서 적용해보면 쉽게 판단할 수 있다.

　이처럼 영화나 애니메이션의 일부 장면을 편집해서 올리는 것도 저작권을 침해하는 행위이지만, 유튜브에 이러한 영상이 많이 올라와 있는 이유는 저작권자가 홍보 등의 이유로 저작물의 이용을 허락하였거나 이를 용인하고 있기 때문일 뿐(혹은 저작권자가 모르고 있거나, 위에서 말한 '공정한 이용'이나 '인용' 정도에 해당되는 경우가 있을 수는 있다), 이러한 행위 자체를 항상 법에서 허용하기 때문은 결코 아니다. 따라서 저작권자의 허락 없이 영화나 애니메이션 등 영상저작물을 편집하여 자신의 유튜브 채널에 게시한 경우 저작권 침해가 성립할 수 있다.

〈오징어게임〉을 패러디해
광고에 이용해도 될까?

㉮ 영상저작물 → ① 복제권
㉮ 2차저작물작성권 | 저작인격권(동일성유지권)

넷플릭스 드라마 〈오징어게임〉이 흥행하면서 〈오징어게임〉의 포스터를 패러디한 수많은 포스터, 영상, 광고들이 다양한 매체들을 통해 등장했다. 〈오징어게임〉에서 사용된 ○△□ 표시를 사용한 포장에 "게임에 참여하시겠습니까?"와 같은 문구를 표시하여 수요자들의 관심을 사로잡는 것이다. 그렇다면 이처럼 〈오징어게임〉을 패러디하여 상품의 광고에 이용할 경우 저작권법 침해 문제가 발생하지는 않을까?

A

'패러디'란 대중에게 널리 알려진 원작의 약점이나 진지함을 목표로 삼아 이를 흉내내거나 왜곡시킨 다음 그 결과를 알림으로써 원작이나 사회적 상황에 대하여 비평하거나 웃음을 이끌어내는 것을 말한다(서울남부지방법원 2017. 4. 13 선고 2016노1019 판결). 이처럼 패러디는 원저작물을 이용하여 변형을 가한다는 점에서 원저작물에 대한 저작권 침해 문제가 발생할 수 있다.

구체적으로 저작인격권 중 '동일성유지권', 저작재산권 중 '복제권' 및 '2차적저작물작성권'에 대한 침해가 될 수 있다. 즉 어떤 사례이냐에 따라 이 3가지 권리 중 하나, 둘, 혹은 모두에 해당하여 저작권 침해가 일어날 수 있는 것이다. 저작자가 가지는 이 3가지 권리를 구체적으로 살펴보자.

첫째, 동일성유지권이란 나의 작품을 함부로 변경하지 않게 할 권리를 말한다(☞ 57쪽 〈저작인격권〉). 즉 저작권자의 동의 없이 원저작물을 이용하여 패러디를 하게 되면, 원저작물에 변형이 가해진다는 점에서 동일성유지권을 침해

하게 된다.

둘째, 복제권이란 도서나 음원 등 저작물을 복제할 권리를 말한다(☞ 71쪽 〈저작재산권의 7가지 종류〉 ①). 여기서 주의할 점은, '복제'를 원저작물을 그대로 베끼는 것에 한정하지 않고, 원저작물에 "다소의 수정·증감이나 변경이 가하여진 것이라고 하더라도 새로운 창작성을 더하지 아니한 정도"이면 복제로 인정되어 저작권자의 복제권을 침해하게 된다는 것이다(대법원 2014. 6. 12. 선고 2014다14375 판결).

셋째, 2차적저작물작성권이란 원저작물을 편곡하거나 변형하는 등 다양한 방법으로 재작성할 권리를 의미한다(☞ 73쪽 〈저작재산권의 7가지 종류〉 ⑦). 패러디한 작품이 원저작물을 기초로 하되 이것에 "수정·증감을 가하여 새로운 창작성을 부가"하였고, 원저작물과 "실질적 유사성"을 유지하고 있는 경우에는 '2차적저작물'이 된다(대법원 2014. 6. 12. 선고 2014다14375 판결). 따라서 원저작자의 동의를 받지 않고 그러한 작품을 만들었다면 원저작자의 2차적저작물작성권을 침해하게 되는 것이다.

이와 관련하여 법원은, 인터넷에서 다운받은 사진과 포스터를 일부 변형하여 특정인을 조롱하는 포스터를 만든 피고인이 저작권침해죄로 기소된 사안에서, 피고인이 변형한 부분이 새로운 창작성을 부가할 정도의 변형은 아니었다고 보고, 2차적저작물작성권이 아닌 복제권을 침해한 것이라고 판단하며 벌금 200만 원을 선고하였다. 즉 2차적으로 작성했다고 볼 만큼 변형은 이루어지지 않았고, 단순히 복제된 정도로만 판단한 것이다.

> 피고인이 제1, 2포스터 중 제1, 2저작물을 이용한 방식은 그 주장에 의하더라도 제1저작물의 상하좌우 여백을 약간 삭제하였거나 제2저작물의 사진 부분을 제외한 전시안내 문구 부분을 삭제한 후 이를 제1, 2포스터에 그대로 삽입한 것에 불과하고 거기에 어떠한 새로운 창작성이 더해졌다고 판단되지 않는다. 또한 제1, 2포스터가 특정한 사상을 창작성 있는 표현으로 구체화한 저작물이라고 보기도 어려우므로 제1, 2저작물의 2차적저작물이라고 볼 수 없다. 결국 제1, 2포스터를 제작하여 게시한 행위는 제1, 2저작물의 복제권을 침해한 것으로 보아야 한다(서울남부지방법원 2017. 4. 13 선고 2016노1019 판결).

다만 타인의 저작물을 패러디한 경우에도 저작권법이 규정하는 저작물의 '공정한 이용'에 해당한다면 저작권 침해가 성립하지 않는다(☞ 79쪽 〈저작재산권을 제한하는 경우들〉 ⑮). 저작물의 공정한 이용에 해당하는지를 판단할 때에는 "이용의 목적 및 성격, 저작물의 종류 및 용도, 이용된 부분이 저작물 전체에서 차지하는 비중과 그 중요성, 저작물의 이용이 그 저작물의 현재 시장 또는 가치나 잠재적인 시장 또는 가치에 미치는 영향"의 사항 등을 고려해야 한다(제35조의5). 따라서 특정 영화나 드라마를 패러디한 목적이 상업적이라거나, 특정 정치인이나 연예인을 비방하기 위한 경우에는 저작물의 공정한 이용에 해당하지 않아 동일성유지권, 복제권, 2차적저작물작성권 등의 침해가 성립할 가능성이 높다.

이와 관련하여 법원은, 패러디한 노래를 만들어 음반과 뮤직비디오를 제작한 데 대하여 원곡 가수 측에서 문제를 제기한 사건에서, "이 사건 개사곡은 원곡에 나타난 독특한 음악적 특징을 흉내내어 단순히 웃음을 자아내는 정도에 그치는 것일 뿐, 원곡에 대한 비평적 내용을 부가하여 새로운 가치를 창출한 것으로는 보이지 아니하고, 상업적 목적으로 이 사건의 원곡을 이용하였으며, 원곡을 인용한 정도가 패러디로서 의도하는 바를 넘는 것으로 보이고, 원곡에 대한 사회적 가치의 저하나 잠재적 수요의 하락이 전혀 없다고는 보기 어려운 점 등 여러 사정을 종합하여 보면, 패러디로서 보호받을 수 없는 것"이라고 판단하면서 해당 패러디를 공정한 인용으로 보지 않는다는 전제하에 금지 가처분 신청을 받아들인 바 있다(서울지방법원 2001. 11. 1. 자 2001카합 1837 판결).

정리하자면, 〈오징어게임〉을 패러디하여 광고에 이용하는 경우, 원저작물에 변형이 가해진다는 점에서 동일성유지권을 침해할 수 있고, 기존 포스터를 거의 그대로 이용하였다면 원저작자의 복제권을, 새로운 창작성을 부가하였더라도 기존 포스터와 유사성이 인정된다면 원저작자의 2차적저작물작성권을 침해할 수 있다. 또한 광고에 이용한다면 상업 목적이라는 점에서 저작물의 공정한 이용에도 해당하지 않을 가능성이 높다. 따라서 타인의 저작물을 패러디할 경우에는 저작물의 공정한 이용에 해당하는지 여부를 꼼꼼히 검토하고, 가급적 원저작자의 허락을 받는 것이 좋다.

〈오징어게임〉의 감독,
저작권을 갖지 못한다고?

⑦ 영상저작물 → 저작재산권 전체

우리나라에서 만든 〈오징어게임〉이 전 세계적인 인기를 누리고 있지만, 제작사인 넷플릭스가 저작권을 독점하고 있어 이를 연출한 감독에게는 흥행 수익이 돌아가지 않아 논란이 일었다. 이는 영화, 애니메이션, 드라마와 같은 영상저작물의 저작권에 관해 정하고 있는 우리나라 저작권법과도 관계되어 있는데, 우리나라 저작권법은 영상저작물의 저작자에

관해 어떻게 정하고 있을까? 〈오징어게임〉을 기획하고 연출한 감독은 〈오징어게임〉에 대한 저작권을 주장할 수 없는 것일까?

A

영화 한 편이 제작되기까지 얼마나 많은 저작자들이 개입하게 될까? 영화의 경우에는 원저작자, 배우, 촬영감독, 제작자, 편집자 등 다양한 사람들이 관여하기 때문에 권리관계가 복잡하게 형성될 수 있다.

구체적으로 영상저작물에 관계되는 저작자는 ① 소설가·방송작가·시나리오작가·미술저작물의 저작자·음악저작물의 저작자 등 자신의 저작물이 영상저작물의 소재로 이용되는 자, 즉 고전적 저작자와 ② 감독·연출·촬영·편집 등을 하는 자들인 감독·촬영감독·조명감독·미술감독 등 영상저작물의 작성에 저작자로서 관여하는 자인 근대적 저작자, ③ 배우인 실연자 등으로 나눌 수 있다(오승종, 《저작권법》 제5판, 박영사, 2020, 1123쪽 참조).

그렇다면 이처럼 다양한 저작자들의 창작 활동으로 완성되는 영상저작물의 권리자는 누가 되는 것일까? 우리나라 저작권법은 영상저작물에 관한 특례를 두고 있고 제100조에서 영상저작물에 대한 권리를 다음과 같이 정하고 있다.

제100조(영상저작물에 대한 권리) ①영상제작자와 영상저작물의 제작에 협력할 것을 약정한 자가 그 영상저작물에 대하여 저작권을 취득한 경우 특약이 없는 한 그 영상저작물의 이용을 위하여 필요한 권리는 영상제작자가 이를 양도받은 것으로 추정한다.

이처럼 영화의 제작에 깊이 관여한 감독일지라도, 영상저작물에 관해 취득한 저작권은 모두 영상제작자에게 양도한 것으로 추정되기 때문에, 별도의 특약이 없는 한 영화에 대한 권리를 주장할 수 없게 된다.

따라서 〈오징어게임〉의 감독이 넷플릭스와 별도로 저작권에 관한 특약을 체결하지 않았다면 〈오징어게임〉에 대한 저작권은 넷플릭스에 양도된 것으로 추정된다. 넷플릭스는 작품이 제작되기 전 저작권을 구매하는 'Pre-Buy' 방식을 채택하였고, 감독에게 저작권을 유보하는 특약을 체결하지도 않았기 때문에, 〈오징어게임〉에 들어가는 모든 제작비를 책임지는 대신 그 저작권을 독점하게 되었다.

다만 이 경우에도 저작자의 인격권, 즉 저작인격권은 양도될 수 없기 때문에 영상저작물을 이용할 때 저작자의 성명을 표시하여야 하고(성명표시권), 중요한 부분을 바꾸는 경우에는 저작자의 허락을 받아야 한다(동일성유지권). (☞ 57쪽 〈저작인격권〉)

인터넷 사이트 운영자에게도
저작권 침해 책임이 있을까?

⑦ 영상저작물 → ④ 공중송신권(전송권)

을이 운영하는 인터넷 포털사이트의 회원들은 갑이 제작한 '당구 강의 동영상'을 갑의 허락 없이 무단으로 을의 사이트에 게시했다. 이 사실을 알게 된 갑은, 인터넷 포털사이트 운영자인 을이 게시물을 삭제하지 않고 방치했다는 이유로 을에게 저작권 침해로 인한 손해를 배상할 것을 요구했다. 이처럼 인터넷 사이트에 저작권 침해 게시물이 올라왔을 때, 인터넷 사이트의 운영자에게도 저작권 침해 책임이 인정될까?

A

갑이 제작한 '당구 강의 동영상'은 '영상저작물'에 해당하여 저작권법의 보호를 받는다. 이와 같은 영상저작물을 저작권자의 허락 없이 무단으로 인터넷에 게시할 경우, 게시자는 공중이 개별적으로 선택한 시간과 장소에서 저작물을 이용할 수 있게 하였다는 점에서 저작권자의 공중송신권 중 '전송권'을 침해하게 된다(☞ 72쪽 〈저작재산권의 7가지 종류〉 ④).

그런데 이처럼 저작권 침해 게시물이 올라왔음에도, 이를 그대로 방치한 인터넷 사이트 운영자에게는 어떤 책임이 인정될까? 대법원은 인터넷 사이트 운영자가 "저작권을 침해당한 피해자로부터 구체적·개별적인 게시물의 삭제 및 차단 요구"를 받았거나, "그 게시물의 존재를 인식할 수 있었음이 외관상 명백히 드러나며", "기술적, 경제적으로 그 게시물에 대한 관리·통제가 가능한 경우"에는 게시물을 삭제하는 등 적절한 조치를 취할 의무가 있다고 보았다. 그럼에도 불구하고 이를 위반하여 아무런 조치를 취하지 않은 경우에는 저작권 침해에 대한 방조 책임을 부담하게 된다

(대법원 2010. 3. 11. 선고 2009다4343 판결).

한편, 최근 선고된 대법원 판결은 게시물의 삭제를 요구하는 저작권자가 인터넷 사이트 운영자에 대해서 게시물 삭제 요청을 하면서, 해당 동영상이 게시된 인터넷 주소나 게시물의 제목 등을 구체적으로 특정하지 않았다는 이유로, 인터넷 사이트 운영자의 저작권 침해 방조 책임을 부정하였다.

갑이 을 회사에 회원들의 저작권 침해 행위를 알리고 이에 대한 조치를 촉구하는 요청서를 보냈으나 그 요청서에 동영상을 찾기 위한 검색어와 동영상이 업로드된 위 사이트 내 카페의 대표 주소만을 기재하였을 뿐 동영상이 게시된 인터넷 주소URL나 게시물의 제목 등을 구체적·개별적으로 특정하지는 않은 점 등 여러 사정에 비추어 보면, 갑이 을 회사에 동영상의 저작권을 침해하는 게시물에 대하여 구체적·개별적으로 삭제와 차단 요구를 한 것으로 보기 어렵고, 달리 을 회사가 게시물이 게시된 사정을 구체적으로 인식하고 있었다고 볼 만한 사정을 찾을 수 없으며, 을 회사는 갑이 제공한 검색어 등으로 검색되는 게시물이 갑의 저작권을 침해한 것인지 명확히 알기 어려웠고, 그와 같은 저작권 침해 게시물에 대하여 기술적·경제적으로 관리·통제할 수 있었다고 보기도 어려우므로, 을 회사가 위 동영상에 관한 갑의 저작권을 침해하는 게시물을 삭제하고 을 회사의 사이트에 유사한 내용의 게시물이 게시되지 않도록 차단하는 등의 조치를 취할 의무를 부담한다고 보기 어렵다(대법원 2019. 2. 28. 선고 2016다271608 판결).

따라서 저작권자가 인터넷 운영자에 대해서 저작권 침해 책임을 묻기 위해서는 먼저 해당 운영자에게 저작권 침해 게시물의 URL 등을 구체적으로 제시하여 삭제 요구를 해야 한다.

정리하자면, 저작권자가 게시물의 삭제를 구체적으로 요구하였음에도 인터넷 운영자가 아무런 조치를 취하지 않을 경우, 해당 운영자는 저작권 침해에 대한 방조 책임을 부담하게 된다. 따라서 인터넷 사이트 운영자로서는 저작권 침해가 명백한 게시물에 대한 삭제 요청을 받은 경우, 우선 해당 게시물을 삭제한 후 이에 관해 게시자에게 통보할 필요가 있다.

불법 소프트웨어 사용으로
저작권 침해 내용증명을 받았다면?

⑨ 컴퓨터프로그램저작물 → ① 복제권

A회사는 최근 소프트웨어의 저작권자인 B로부터 A회사의 컴퓨터에서 불법으로 소프트웨어를 설치하여 사용한 사실이 발견되었으니 저작권 침해를 중단하고 합의에 응할 것을 요구하는 내용증명을 받게 되었다. 이에 A회사는 내부 조사를 진행하였고, A회사의 직원이 업무에 필요한 프로그램을 불법으로 설치하여 사용한 사실을 알게 되었다. 저작권 침

해 내용증명을 받은 A회사, 직원의 저작권 침해 행위에 대해 책임을 져야 할까?

A

소프트웨어는 '컴퓨터프로그램저작물'에 해당하여 저작권법의 보호를 받는다. A회사의 직원이 저작권자인 B의 허락 없이 소프트웨어를 사용했다면, 소프트웨어를 자신의 컴퓨터에 설치하여 복제했다는 점에서 저작권자 B의 '복제권'을 침해하는 행위에 해당한다(☞ 71쪽 〈저작재산권의 7가지 종류〉 ①). 따라서 A회사의 직원은 저작권법에 따라 형사상 책임을 지고, 5년 이하의 징역 또는 5,000만 원 이하의 벌금에 처해질 수 있다.

그런데 직원의 저작권 침해 행위에 대해 직원이 아닌 A회사도 책임을 져야 할까? 저작권법은 종업원이 저작권법 위반의 죄를 범한 때에 그 법인에 대하여도 벌금형을 과한다고 규정하고 있는바(제141조), 직원이 불법 소프트웨어를 업무에 사용한 경우 A회사에게도 5,000만 원 이하의 벌금형이 과해질 수 있다. 다만 저작권법은 법인이 "그 위반 행위를 방지하기 위하여 해당 업무에 관하여 상당한 주의와 감독을 게을리하지 아니한 경우"에는 벌하지 않는다고 명시하고 있다(제141조). 구체적으로 대법원의 판례를 살펴보자.

> 甲법인의 책임을 추궁하기 위해서는, 甲법인의 직원들에 대한 지휘감독관계 등이 규명되어야 하고, 甲법인이 직원들의 법규 위반 행위를 예상하여 이를 방지하기 위한 상당한 주의를 기울이거나, 컴퓨터프로그램저작권, 불법복제 금지 등에 관한 교육 실시 및 컴퓨터 불법복제 프로그램을 설치하지 못하도록 시스템을 관리감독하였는지 여부 등 주의의무 위반 여부 등을 심리할 필요가 있으며, 위와 같은 구체적 의무의 내용과 그 위반 여부에 관하여는 검사가 입증 책임을 부담하는바, 원심에 이르기까지 甲법인이 부담하는 구체적 주의의무의 내용 및 甲법인이 그러한 의무를 위반하였는지 여부에 관하여 검사가 이를 충분히 입증한 것으로 보이지 않는다(대법원 2010. 7. 8. 선고 2009도6968 판결).

즉 대법원은 법인이 직원들의 불법 소프트웨어 사용을 방지하기 위해 주의와 감독을 기울였는지 여부를 검사가 입증하게 하였고, 검사가 이를 입증하지 못하였다면, 법인을 처벌할 수 없다고 판시했다. 따라서 A회사가 평소 직원들의 법규 위반 행위를 방지하기 위한 교육을 실시하고, 직원이 불법복제 프로그램을 설치하지 못하도록 관리감독하였다면, A회사는 형사상 책임을 면할 수 있게 된다.

그럼 위와 같이 직원이 저작권 침해 행위를 한 경우 해당 직원을 사용한 A회사가 민사상 책임도 지게 될까? 형사상 책임(징역형 또는 벌금형)과 민사상 손해배상 책임(돈으로 배상하는 책임)은 다른 책임이기 때문에, A회사가 민사상 손해배상 책임도 부담하는지 알기 위해서는 민법 규정을 살펴볼 필요가 있다.

제756조(사용자의 배상 책임) ① 타인을 사용하여 어느 사무에 종사하게 한 자는 피용자가 그 사무집행에 관하여 제삼자에게 가한 손해를 배상할 책임이 있다. 그러나 사용자가 피용자의 선임 및 그 사무감독에 상당한 주의를 한 때 또는 상당한 주의를 하여도 손해가 있을 경우에는 그러하지 아니하다.

민법 제756조에 따르면 A회사(사용자)가 정기적으로 직원(피용자)을 대상으로 불법 소프트웨어 관련 교육을 하고 메일을 통하여 수시로 주의를 촉구하는 등 직원의 사무감독에 상당한 주의를 기울인 사실을 입증하지 못한다면 A회사는 민사상 손해배상 책임도 면할 수 없다.

정리하자면, A회사가 평소 직원들이 불법 소프트웨어를 사용하지 않도록 정기적인 교육을 하는 등 직원의 사무감독에 주의를 기울이지 않았다면, 저작권 침해 행위에 대하여 민사상 및 형사상 책임을 면할 수 없다.

폰트 저작권 침해
내용증명을 받았다면?

⑨ 컴퓨터프로그램저작물 → ① 복제권
④ 공중송신권(전송권) ⑤ 배포권

식당을 개업한 A는 식당 홍보를 위해 외주업체에 전단지 제작을 맡겼다. 외주업체로부터 마음에 쏙 드는 전단지를 받아 배포하여 식당을 홍보했는데, 어느 날 갑자기 폰트 저작권자라고 주장하는 B로부터 저작권을 침해하였으니 합의금을 달라는 내용증명을 받게 되었다. 전단지에서 B의 글자체를 허락 없이 무단으로 사용했다는 것이다. A는 저작권을 침

해한 걸까? 그리고 B의 요구대로 합의금을 줘야 할까?

A

폰트 저작권이라니? 글자체에도 저작권이 있다는 말인가? 위 사안의 결론을 알기 위해서 가장 먼저 폰트, 즉 글자체에도 저작권이 인정되는지를 살펴볼 필요가 있다. 다음 판례를 읽어보자.

우리 저작권법은 서체 도안의 저작물성이나 보호의 내용에 관하여 명시적인 규정을 두고 있지 아니하며, 실용적인 기능을 주된 목적으로 하여 창작된 응용미술 작품은 거기에 미적인 요소가 가미되어 있다고 하더라도 그 자체가 실용적인 기능과 별도로 하나의 독립적인 예술적 특성이나 가치를 가지고 있어서 예술의 범위에 속하는 창작물에 해당하는 경우에만 저작물로서 보호된다 (대법원 1996. 8. 23. 선고 94누5632 판결).

한편, 서체프로그램의 경우 단순한 데이터 파일이 아닌 컴퓨터프로그램에 해당하고 서체 파일 제작에 제작자의

219

창의적 개성이 표현되어 있어 그 창작성이 인정되어 저작물로 보호되어 컴퓨터프로그램으로서 서체 파일을 복제, 전송, 배포하는 행위는 저작권 침해에 해당하지만, 서체프로그램을 이용하여 표현된 결과물, 즉 서체 도안을 이용하는 것은 위와 같이 서체 도안 자체가 창작물에 해당하는 경우가 아닌 한 저작권 침해에 해당하지 않는다(대법원 2001. 5. 15. 선고 98도732 판결).

우리나라 대법원 판례는 '폰트 파일'과 '폰트 도안'의 저작물성을 다르게 인정하고 있다. 우리가 사용하는 폰트는 컴퓨터에 저장되는 폰트 파일, 즉 서체프로그램에 의해 만들어지게 되는데, 우리나라 대법원은 이 폰트 파일에 대해서는 저작권법상 '컴퓨터프로그램저작물'에 해당한다고 보아 폰트 파일 자체의 저작물성은 인정하고 있다. 반면 이 폰트 파일을 이용하여 표현된 결과물, 즉 폰트 도안에 대해서는 그 자체가 창작물에 해당하는 경우가 아닌 한 저작물성을 인정하지 않고 있다.

쉽게 말해 저작권자의 폰트 파일 자체를 무단으로 복제(복제권)하거나 전송(전송권), 배포(배포권)하는 행위는 저작권 침해로 보지만(☞ 71쪽 〈저작재산권의 7가지 종류〉 ① ④ ⑤), 사례에서와 같이 그 폰트 파일을 사용해서 만들어진 글자가 인쇄된 인쇄물을 배포하는 행위는 저작권 침해로 보지 않는 것이다.

따라서 사례에서 A가 전단지를 배포한 행위는, 폰트 저작권자인 B의 '폰트 파일'을 직접 사용한 행위가 아니고, 폰트 파일을 이용한 결과물인 '폰트 도안'이 인쇄된 전단지를 배포한 행위이므로 저작권 침해 행위에 해당하지 않는다. 결국 A는 B의 저작권을 침해하지 않았으므로, B의 합의금 요구에 응할 필요가 없다. A는 B에게 자신에게 저작권 위반의 책임이 성립하지 않음을 반박하는 내용의 '내용증명 회신'을 하면 족할 것이다.

참고로 사례에서 전단지를 제작한 외주업체는 컴퓨터프로그램저작물에 해당하는 B의 저작물인 '폰트 파일'을 무단 사용한 것이므로 저작권 침해가 성립할 수 있다. 구체적으로 외주업체가 B의 허락 없이 서체 파일을 복제하여 사용하였다면 복제권의 침해가 된다.

요약서를 만들어서
판매해도 될까?

⑩ 2차적저작물 → ⑦ 2차저작물작성권

수험생 A는 방대한 양의 전문서적을 공부하면서 시험에 나오는 핵심 내용만 요약한 요약서를 만들었고, 이를 출판해서 판매했다. 그런데 A는 전문서적의 출판사로부터 저작권을 침해하였으니 합의금을 지급하라는 내용증명을 받게 되었다. A가 전문서적을 요약해서 판매한 행위는 전문서적에 대한 저작권을 침해한 것일까?

A

수험생 A가 공부한 전문서적은 저작권법의 보호를 받는다. 따라서 저작자의 허락을 받지 않고 전문서적의 내용을 변형하여 요약서라는 '2차적저작물'을 만든 경우, 저작자의 '2차적저작물작성권'을 침해하게 된다(☞ 73쪽 〈저작재산권의 7가지 종류 ⑦〉).

단, 저작권 침해를 인정받기 위해서는 다음의 요건을 충족시켜야 한다(☞87쪽 〈저작권 침해를 판단하는 기준〉). 첫째로 침해자의 저작물이 기존의 저작물에 '접근'해야 한다. 당연한 말이지만, 가령 A작품과 B작품이 아무리 유사하다 할지라도, A작품을 만든 사람이 B작품을 본 적도 없다면 저작권 침해가 성립할 수 없다. 둘째로 기존의 저작물과 '실질적 유사성'이 있어야 한다.

대법원 판례에 따르면 요약물이 원저작물과 실질적인 유사성이 있는지는 "요약물이 원저작물의 기본으로 되는 개요, 구조, 주된 구성 등을 그대로 유지하고 있는지 여부, 요약물이 원저작물을 이루는 문장들 중 일부만을 선택하여 발췌한 것이거나 발췌한 문장들의 표현을 단순히 단축한 정도에 불과한지 여부, 원저작물과 비교한 요약물의 상대적인

분량, 요약물의 원저작물에 대한 대체 가능성 여부"등을 종합적으로 고려하여 판단해야 한다(대법원 2013. 8. 22. 선고 2011도3599 판결).

위 사정들을 고려하였을 때, 요약서가 원저작물인 전문서적과 실질적 유사성이 인정되지 않을 경우에는 요약서 자체가 별개의 새로운 저작물로 보호되기 때문에 전문서적 저작자의 허락을 받지 않더라도 저작권 침해가 성립하지 않게 된다. 하지만 요약서와 전문서적과의 실질적 유사성이 인정될 경우에는, 전문서적을 요약하며 새로운 창작성도 부가했다는 점에서 2차적저작물작성권 침해가 인정될 것이다.

한편, 법원이 원저작물과 요약물 사이에 실질적 유사성이 인정된다고 판단한 경우에는, 설령 변호사에게 질의하여 요약물의 판매 행위가 저작권 침해가 되지 않는다는 의견을 받아 요약물을 판매한 것이라고 하더라도, 저작권 침해에 대한 고의가 부정되지는 않기 때문에 형사상 처벌의 대상이 되므로, 요약서를 작성할 때에는 미리 원저작자의 허락을 받는 것이 좋다.

참고로 법원은 "피고인 甲주식회사의 대표이사인 피고인 乙이, 영문英文 저작물인 원저작물의 내용을 요약한 영문 요약물을 丙외국법인에게서 제공받아 한글로 번역한 요약물을 피고인 甲회사의 인터넷 웹사이트를 통해 유료로 제공하는 방법으로 원저작물 저작권자의 2차적저작물작성권을 침해하였다고 하여 구 저작권법 위반으로 기소된 사안"에서, 아래와 같이 판단하고 피고인 甲에게 유죄를 선고하였다.

① 피고인 乙이 작성한 번역 요약물은 원저작물과 실질적으로 유사하여 2차적저작물에 해당하고, ② 나아가 피고인들이 丙법인에 문의하여 영문 요약물이 원저작물의 저작권과는 무관한 별개의 독립된 저작물이라는 취지의 의견을 받았고, ③ 법무법인에 저작권 침해 관련 질의를 하여 번역 요약물이 원저작물의 저작권을 침해하지 않는 것으로 사료된다는 취지의 의견을 받았다는 사유만으로는, 피고인들에게 저작권 침해에 대한 고의가 없었다거나 피고인들이 자신의 행위가 저작권 침해가 되지 않는다고 믿은 데 정당한 이유가 있다고 볼 수 없다(대법원 2013. 8. 22. 선고 2011도3599 판결).

정리하자면, 요약서가 원저작물인 전문서적과 '실질적 유사성'이 인정되지 않을 경우에는 원저작자인 전문서적 저작자의 허락을 받지 않더라도 저작권 침해가 성립하지 않는다. 하지만 요약서와 전문서적과의 실질적 유사성이 인정될 경우에는, 전문서적 저작자의 허락을 받지 않고 만든 요약서는 전문서적의 2차적저작물에 해당하여 이를 판매하는 행위는 저작자의 2차적저작물작성권을 침해하는 것이 된다.

내가 만든 소설로 뮤지컬 공연을
했는데 저작권 침해라고?

⑪ 공동저작물 → ⑩ 2차적저작물작성권

A는 소설 Z를 집필하여 출간하였고, 해당 소설을 연극으로 공연하기 위해 공연기획사와 작가 계약을 체결한 후 Z의 초벌대본을 집필했다. 그런데 공연기획사는 Z의 초벌대본을 본 후, 연극의 기술적인 요소가 부족하니 연극작가 B를 통해 대본을 수정할 것을 제안하였고, 이에 A가 동의했다.

이후 B는 Z의 초벌대본을 기초로 전체적인 줄거리는

유지하되, 새로운 인물을 등장시키고, 장면의 배열 순서를 변경하였을 뿐만 아니라 대사 등 표현의 상당 부분을 수정 및 각색해서 Z의 최종대본을 완성하였고, 이를 기초로 연극 Z가 제작 및 공연되었다.

이후 A는 위 최종대본을 바탕으로 노래 가사 등 뮤지컬 요소를 추가해 Z의 뮤지컬 대본을 완성하여 뮤지컬 Z를 공연하였고, 그 과정에서 B의 허락은 받지 않았다. 그런데 Z의 뮤지컬 공연 사실을 알게 된 B는, A가 자신이 작성한 최종대본의 저작권을 침해하였다는 이유로 A를 저작권법 위반죄로 고소하였다. 최종대본의 저작권은 누가 가지는 것일까? 뮤지컬 Z를 공연한 A는 처벌을 받게 될까?

A

먼저 이 사건에 등장하는 저작물들을 살펴보자. 이 사건에는 원저작물인 소설 Z, 그 소설을 바탕으로 만들어진 초벌대본 Z^1, 그 초벌대본을 바탕으로 만들어진 최종대본 Z^2, 그리고 그 최종대본을 바탕으로 만들어진 뮤지컬 대본 Z^3이 등장한다. 사례에서는 최종대본 Z^2의 저작권이 누구에게 귀속되는지를 묻고 있다.

이 사건을 이해하기 위해서는 먼저 2차적저작물과 공동저작물의 개념을 이해할 필요가 있다. '2차적저작물'이란 원작을 토대로 만든 새로운 저작물로, 법에서는 대표적으로 번역, 편곡, 각색, 영상 등의 방법으로 제작하는 경우를 들고 있다. 즉 원저작물을 각색하여 원저작물과 '실질적 유사성'을 유지하면서도 여기에 '새로운 창작성'을 부가하는 경우에 해당 저작물은 2차적저작물이 된다(☞ 38쪽 〈2차적저작물〉). '공동저작물'이란 2명 이상이 공동으로 창작한 저작물로, 저작자 각자가 기여한 부분들을 분리하여 이용할 수 없는 경우를 말한다(☞ 43쪽 〈공동저작물〉).

그렇다면 이제 Z부터 Z^3까지 각 저작물의 종류가 무엇이며, 그 저작권은 누구에게 귀속되는지 살펴보자. 제일 먼저 소설 Z는 어문저작물로서, 그 저작권은 당연히 소설을 집필한 A에게 귀속된다. 초벌대본 Z^1 또한 어문저작물로서, 그 저작권은 대본을 집필한 A에게 귀속된다. 그렇다면 문제가 되는 최종대본 Z^2의 경우는 어떨까?

Z^2는 어문저작물이자 동시에 2차적저작물 혹은 공동저작물로도 분류될 수 있다. B는 A가 쓴 초벌대본 Z^1을 상당 부분 각색하여 최종대본 Z^2을 완성하였다. 그렇다면 Z^2는 그 작성 방식에 따라 B가 Z^1을 토대로 새로 창작한 '2차적저작물'에 해당할 수도 있고, 아니면 A와 B가 공동으로 창작한

'공동저작물'에 해당할 수도 있다. 다음 대법원 판례를 살펴
보자.

> 2인 이상이 공동창작의 의사를 가지고 창작적인 표현 형
> 식 자체에 공동의 기여를 함으로써 각자의 이바지한 부분
> 을 분리하여 이용할 수 없는 단일한 저작물을 창작한 경
> 우 이들은 그 저작물의 공동저작자가 된다고 할 것이다.
> 여기서 공동창작의 의사는 법적으로 공동저작자가 되려
> 는 의사를 뜻하는 것이 아니라, 공동의 창작 행위에 의하
> 여 각자의 이바지한 부분을 분리하여 이용할 수 없는 단
> 일한 저작물을 만들어내려는 의사를 뜻하는 것이라고 보
> 아야 한다(대법원 2014. 12. 11. 선고 2012도16066 판결).

대법원은 위와 같은 법리를 바탕으로 ① A는 자신이
작성한 연극의 초벌대본이 B에 의하여 "수정·보완되어 새로
운 창작성이 부여되는 것을 용인하였고", B도 A와 별개의 연
극대본을 작성할 의도가 아니라 A가 작성한 "초벌대본을 기
초로 이를 수정·보완하여 보다 완성도 높은 연극대본을 만
들기 위하여 최종대본의 작성 작업에 참여한 점", ② A는 초
벌대본이 B에 의하여 "수정·보완되어 연극으로 공연되기까
지 극작가의 지위를 유지하면서 대본작업에 관여하였고", B

도 최종대본의 작성 과정에서 A로부터 "수정·보완 작업의 전체적인 방향에 관하여 일정 부분 통제를 받기는 하였으나 상당한 창작의 자유 또는 재량권을 가지고 수정·보완 작업을 하여 연극의 중요한 특징적 요소가 된 새로운 캐릭터·장면 및 대사 등을 상당 부분 창작한 점", ③ "최종대본은 그 창작적인 표현 형식에 있어서 A와 B가 창작한 부분을 분리하여 이용할 수 없는 단일한 저작물이 된 점" 등을 살펴보면, A와 B는 최종대본의 공동저작자로 봄이 타당하다고 판단하였다. 즉 사례에서 최종대본 Z^2는 A와 B의 공동저작물에 해당한다.

최종대본 Z^2가 어떤 저작물에 해당하는지 판단하는 것이 중요한 이유는, 저작물의 종류에 따라 그 권리 행사 방법이 달라지기 때문이다. 저작권법은 공동저작물의 경우에는, 원칙적으로 공동저작자 전원이 합의하여 그 공동저작물에 대한 권리를 행사해야 한다고 본다. 즉 공동저작권자인 A는 B와 합의하지 않으면 최종대본의 저작권을 행사할 수 없다.

그렇다면 A가 공동저작권자인 B의 동의 없이 최종대본 Z^2을 이용하여 뮤지컬 대본 Z^3을 창작해 공연한 것은 공동저작권자 B의 저작권을 침해하는 것일까? 위 대법원 판례를 계속 읽어보자.

구 저작권법 제48조 제1항 전문은 "공동저작물의 저작재산권은 그 저작재산권자 전원의 합의에 의하지 아니하고는 이를 행사할 수 없다"고 정하고 있는데, 위 규정은 어디까지나 공동저작자들 사이에서 각자의 이바지한 부분을 분리하여 이용할 수 없는 단일한 공동저작물에 관한 저작재산권을 행사하는 방법을 정하고 있는 것일 뿐이므로, 공동저작자가 다른 공동저작자와의 합의 없이 공동저작물을 이용한다고 하더라도 그것은 공동저작자들 사이에서 위 규정이 정하고 있는 공동저작물에 관한 저작재산권의 행사 방법을 위반한 행위가 되는 것에 그칠 뿐 다른 공동저작자의 공동저작물에 관한 저작재산권을 침해하는 행위까지 된다고 볼 수는 없다(대법원 2014. 12. 11. 선고 2012도16066 판결).

대법원은 A가 B와의 합의 없이 공동저작물인 최종대본을 이용한다고 하더라도, 이는 공동저작물에 관한 저작재산권의 행사 방법을 위반하는 행위에만 해당할 뿐, 저작권을 침해하는 행위에는 해당하지 않는다고 보았다. 즉 대법원은 '저작권 행사 방법의 위반'을 '저작권 침해'와 다른 별개의 행위로 판단한 것이다. 결국 사례에서 A에게는 저작권침해죄에 대해 무죄가 선고되었다.

정리하자면, 최종대본은 A와 B의 공동저작물에 해당하여 그 저작권은 A와 B에게 공동으로 귀속된다. 따라서 A가 B의 허락 없이 최종대본을 이용해 뮤지컬을 공연하여 B에게 손해를 주었다면, '저작권 행사 방법의 위반'으로 B에게 손해를 입힌 것이므로 그 손해를 민사적으로 배상해야 할 것이지만, 대법원 판결에 따라 저작권을 침해한 것은 아니므로 저작권침해죄에 해당하는 형사 처벌은 받지 않을 것이다.

회사의 의뢰를 받아 작성한 극본은
내 것이 아닐까?

⑫ 업무상저작물 → 저작재산권 전체

공연 제작사인 A회사와 극본 집필 계약을 체결한 B작가는 극본을 작성해서 A회사에 제공하였으나 A회사는 내용이 마음에 들지 않는다는 이유로 다른 극본을 다시 작성해올 것을 요구했다. 이에 B작가는 A회사로부터 거절당한 극본을 A회사의 허락을 받아 다른 제작사인 C회사에 제공하여 C회사와 함께 해당 극본으로 공연을 기획, 홍보했다. 그러자 A

회사가 B와 C를 상대로, B가 작성한 극본은 업무상저작물로 A회사에 귀속되므로 극본을 사용하려면 사용료를 내라고 주장했다. B가 A회사의 의뢰를 받아 작성한 극본의 저작권은 정말 A회사에게 귀속되는 것일까?

Ⓐ

저작권은 원칙적으로 저작물을 창작한 자에게 귀속되지만, 예외적으로 그 저작물이 회사에 소속되어 만든 '업무상저작물'로 판단되는 경우에는 회사(법인)나 단체, 그밖의 사용자에게 저작권이 귀속된다. 업무상저작물로 법인 등의 저작권이 인정되기 위해서는 다음과 같은 2가지 요건이 충족되어야 한다(☞ 49쪽 〈업무상저작물〉).

첫째, 법인 등이 해당 저작물 작성을 기획해야 하고, 그 법인 등에 종사하는 자가 업무상 작성한 저작물이어야 한다. 예를 들어, 회사에서 특정 영상물을 만들라는 식의 구체적인 지시나 기획이 있는 상태에서 그 회사의 직원 등이 업무상 작성해야만 업무상저작물이 될 수 있다. 회사를 다니는 직장인이 퇴근 후 작성한 소설의 경우 당연히 업무상저작물이 될 수 없다. 또한 법인과 위탁·도급 계약을 체결한

자가 작성한 것이라면 업무상저작물이 될 수 없다. 가령 법인이 외부의 포스터 제작업체에 포스터 제작을 의뢰하였다면, 해당 포스터의 저작권은 (별도의 계약을 통해 법인에게 귀속되는 것으로 약정하지 않는 한) 포스터를 제작한 업체에 귀속될 것이다.

둘째, 업무상저작물은 반드시 법인 등의 명의로 '공표될' 것까지 요하지는 않지만, 법인 등 명의로 '공표되는' 저작물이어야 한다. 즉 아직 공표되지 않은 저작물이라 할지라도 통상 법인 등의 명의로 '공표되는' 저작물이라면, 이 또한 업무상저작물에 해당할 수 있다. 단적인 예로, 특정 신문사에서 송출되는 기사가 아직 기사로 발행 또는 발표되기 전이라 하더라도, 신문사의 지시에 따라 기자가 작성한 기사가 일종의 '발행 대기' 중이라면, 이 또한 업무상저작물이 될 수 있는 것이다.

위와 같은 2가지 요건을 모두 충족하게 되면, 원칙적으로 저작권은 법인에게 귀속된다. 다만 법인과 저작물 작성자가 별도의 특약을 통해 저작권의 귀속을 약정한 경우에는 특약에 따라 저작권자가 결정될 것이다.

결국 사안에서와 같이 공연기획사 A가 외부작가 B와 집필 계약을 체결하여 그에 따라 B가 극본을 작성한 경우, A와 B의 관계는 고용관계가 아닌 단순한 위탁·도급 계약에 해당하여 그 법인 등에 종사하는 자가 업무상 작성한 저작물이어야 한다는 첫 번째 요건이 갖추어지지 않아 업무상저작물로 볼 수 없다. 따라서 별도의 특약이 없는 한, 극본의 저작권은 A가 아니라 그 작성자인 B에게 귀속되므로 A는 저작권 침해 또는 저작권의 사용료 지급에 관한 주장을 할 수 없다.

교사들이 출제한 시험문제를
판매해도 될까?

⑫ **업무상저작물** → ① **복제권** ④ **공중송신권(전송권)**

갑은 전국의 중고등학교 시험문제들을 자료화한 후 정리하여 판매하는 인터넷 사이트를 운영하고 있는데, 갑이 자료화한 시험문제 중에는 서울에 있는 A공립고등학교 교사들이 출제한 중간고사 시험문제도 포함되어 있었다. 위 사실을 알게 된 A고등학교 교사들은 갑을 상대로 저작권 침해에 의한 손해배상 청구소송을 제기하였다. 갑은 A고등학교 교

사들의 저작권을 침해한 것일까?

A

시험문제는 과연 저작권법의 보호를 받을 수 있는 저작물에 해당하는 것일까? 저작권법은 저작물을 "인간의 사상 또는 감정을 표현한 창작물"로 정의하는데, 여기에서 '창작물'이라 함은 "저작자 자신의 작품으로서 남의 것을 베낀 것이 아니라는 것과, 수준이 높아야 할 필요는 없지만 저작권법에 의한 보호를 받을 가치가 있는 정도로 최소한도의 창작성이 있다"는 것을 의미한다(대법원 1997. 11. 25. 선고 97도2227 판결).

이 사건에서는 먼저 A고등학교 교사들이 출제한 시험문제가 저작권법의 보호를 받을 수 있는 저작물인지 여부가 문제되는데, 법원은 아래와 같이 판단하며 시험문제의 저작물성을 인정하였다.

이 사건 시험문제가 고등학교 교육 과정에서 요구되는 역사적인 사실이나 문학 작품 등의 인문·사회학적 지식과 이해의 정도, 자연과학적인 원리나 컴퓨터 등에 대한 지식과 이해의 정도, 외국어의 해독 능력 등을 묻는 것인 사실, 교사인 원고들이 남의 것을 그대로 베끼지 아니하고 이 사건 시험문제를 출제한 사실을 인정할 수 있는바, 비록 이 사건 시험문제의 일부는 교과서, 참고서, 타 학교 기출 시험문제 등의 일정한 부분을 발췌하거나 변형하여 구성된 점이 인정되고, 이 사건 시험문제가 현행 교과 과정에 따른 교육 내용을 전달하기 위하여 그 교육 과정에서 요구되는 정형화된 내용들과 불가분의 관계에 있다 하더라도, 교사인 원고들이 자신들의 교육 이념에 따라서 소속 학교 학생들의 학업 수행 정도의 측정 및 내신성적을 산출하기 위하여 정신적인 노력을 기울여 남의 것을 그대로 베끼지 아니하고 이 사건 시험문제를 출제하였고, 그 출제한 문제에 있어서 질문의 표현이나 제시된 답안의 표현에 최소한도의 창작성이 있음이 인정되므로, 이 사건 시험문제는 저작권법에 의하여 보호되는 저작물에 해당한다고 봄이 상당하다(서울고등법원 2007. 12. 12. 선고 2006나110270 판결).

시험문제 또한 남의 것을 그대로 베끼지 않고 최소한의 창작성이 있다면 저작물로 인정되는 것이다. 따라서 저작권자의 허락을 받지 않고 사용했을 경우 저작권 침해 행위에 해당한다.

사례에서와 같이 전국의 시험문제들을 자료화한 후 인터넷에 올려 판매하는 경우, 타인의 저작물을 그대로 가져다 썼다는 점에서 '복제권'과, 인터넷에 업로드하여 공중이 개별적으로 선택한 시간과 장소에서 접근할 수 있게 하였다는 점에서 '전송권'을 침해하게 된다(☞ 71쪽 〈저작재산권의 7가지 종류〉① ④).

그렇다면 이 시험문제의 저작권은 시험문제를 출제한 A고등학교 교사들에게 귀속되는 것일까? 이를 판단하기 위해 먼저, 저작물로 인정받은 이 시험문제가 저작물의 종류 중 어디에 속하는지를 살펴볼 필요가 있다(☞ 34쪽 〈저작물의 13가지 종류〉). A고등학교의 교사들이 A고의 기획 하에 통상적인 업무 범위 내에서 시험문제를 출제하였다면, 해당 시험문제는 '업무상저작물'이 되어 A고 교사가 아니라 A고의 설립·경영 주체인 서울특별시에 귀속될 것이다. 아래 법원의 판결을 살펴보자.

① 서울에 위치한 공립고등학교인 A고의 학업성적 관리 규정에 따라서 교과 협의회에서 결정된 시험 범위 및 교사별 출제 내용 및 문항 수에 따라서 해당 교사들이 이 사건 A고 시험문제를 출제한 사실, ② 출제자들의 출제

문제들에 대한 문항검토 회의를 거쳐서 최종 시험문제가 결정되면 대표 출제 교사가 문제지 편집과 출제계획서를 작성해 교무부 교사계, 교무부장, 교감, 교장의 순으로 내부 결재를 받은 사실, ③ 이 사건 A고 시험문제는 시험지 우측 하단에 'A고등학교'라고 한글 또는 한자로 표시되어 있으나 출제자의 표시는 되어 있지 않은 사실, ④ 이 사건 A고 시험문제가 A고 학생들에게 해당 중간·기말고사 시험평가를 위하여 배포되고 회수되지는 않은 사실을 인정할 수 있는바, (…) 이 사건 A고 시험문제는 A고 명의로 공표되었다고 할 것인바, A고의 기획하에 그 업무에 종사하는 A고 교사들이 업무상 작성한 이 사건 A고 시험문제가 A고의 명의로 일반공중인 소속 학생들에게 공표되었으므로, 단체명의저작물인 이 사건 A고 시험문제의 저작권은 저작권법 제9조에 의하여 A고의 설립·경영 주체인 서울특별시에 귀속된다 할 것이다(서울고등법원 2007. 12. 12. 선고 2006나110270 판결).

즉 법원은 시험문제를 출제하는 업무는 A고등학교 교사들의 통상적인 업무에 포함되는바 이 시험문제는 업무상저작물에 해당하고, 따라서 이 시험문제의 저작권은 A고등학교의 설립·경영 주체인 서울특별시에 귀속된다고 판단했다.

결과적으로 갑은 A고등학교 교사들의 저작권을 침해한 것이 아니므로, 교사들이 청구한 손해배상 청구는 기각될 수밖에 없다. 다만 갑은 시험문제의 저작권자인 서울특별시의 허락 없이 시험문제를 무단으로 복제하여 배포하였으므로 서울특별시에 발생한 손해를 배상할 의무가 있을 것이다.

ChatGPT로 만든 작품,
저작권이 인정될까?

2022년 11월, OpenAI가 개발한 ChatGPT의 등장은 모두를 놀라게 했다. ChatGPT는 간단한 명령어 입력만으로 단 몇 초 만에 시나 소설, 시나리오를 완성한다. 그뿐인가? OpenAI에서는 또 다른 생성형 인공지능인 '달리Dall-E'를 출시했는데, 원하는 이미지를 글로 간단히 설명하면, 단 몇 초 만에 글에 딱 맞는 훌륭한 이미지를 완성해낸다. 이처럼

ChatGPT가 각종 작품과 이미지들을 창출해냄에 따라 저작권 문제도 함께 이슈화되고 있다. ChatGPT를 통해 만든 작품들에도 저작권이 인정될까?

Ⓐ

저작권법은 저작물을 "인간의 사상 또는 감정을 표현한 창작물"로 정의하고 있다. 즉 저작권자를 오직 '인간'으로만 제한하고 있는 것이다. 이는 우리나라뿐만 아니라 미국을 포함한 대부분의 나라에서도 마찬가지이다. 따라서 현행 저작권법에 따르면 인간이 아닌 인공지능 또는 동물이 만든 창작물은 저작물로 보호받을 수 없다.

이와 관련해서 동물이 저작권자가 될 수 있는지가 문제된 유명한 사례를 살펴보자. 영국 사진작가 데이비드 슬레이터는 2011년 인도네시아 술라웨시 섬을 여행하다가 정글을 돌아다니며 사진을 찍고 있었다. 그런데 갑자기 검정짧은꼬리원숭이 '나루토'가 나타나 그의 카메라를 낚아채 갔다. 이후 발견된 카메라에서는 원숭이가 직접 찍은 여러 장의 셀카 사진들이 발견되었다.

원숭이 '나루토'가 직접 찍은 셀카 사진

　이후 이 사진은 위키미디어를 통에 인터넷에 공개되었고, 동물보호단체 PETA는 이 사진의 저작권자는 이 사진을 직접 촬영한 원숭이 나루토라고 주장하며 미국 법원에 소송을 제기했다. 이에 원숭이에게도 저작권이 인정될 수 있는지가 문제되었는데, 2016년 1월 미국 캘리포니아 연방 지방법원은 인간이 아닌 동물에게는 저작권이 없다는 전제하에 원숭이 나루토가 찍은 셀카에 대해 저작권을 인정할 수 없다고 판결했다.

　이처럼 저작권은 오직 인간에게만 인정되는 권리이다. 따라서 현행법 체제하에서는 인공지능이 아무리 독창적이고 훌륭한 작품을 만들어낸다고 하더라도 저작물성을 인정받기 어렵다.

아래 시는 ChatGPT에 "김소월의 꽃과 비슷한 느낌으로 강아지를 주제로 시를 지어줘"라는 문구를 입력했을 때 ChatGPT가 만들어준 시이다.

강아지

봄 푸르른 언덕 위에
작은 강아지가 있네
그 소리가 들려오면
온 세상이 따뜻해져

꼬리를 살랑이며
웃음 짓는 모습이
꽃잎처럼 예쁘게 피어
나를 설레이게 만들어

나의 무거운 하루에
작은 강아지의 모습이
꽃과 같은 향기를 불어넣어

내 마음을 채워주고 있어

언제나 곁에 있어줘
작은 강아지야
함께 걸어가며
세상을 새롭게 느껴보자

아래 그림은 OpenAI가 개발한 '달리'에 간단한 지시어를 입력하여 완성한 그림이다.

필자가 직접 '달리'로 만들어본 이미지

이처럼 인간인 내가 시나 그림을 완성하기 위한 지시어를 주었더라도, 시나 그림 자체를 창작한 것은 내가 아닌 인공지능이기 때문에 현행법하에서는 저작물성이 인정되기 어렵다.

인공지능의 활용과 영향력이 상당히 확대되고 있는 지금, 정부 기관과 관련 전문가들은 인공지능을 활용해 창작된 작품들의 저작물성에 대해 깊은 논의를 진행하여 새로운 관점으로 접근할 필요가 있을 것이다.

이 책은 지금까지 공저를 포함하여 20여 권의 책을 썼지만, 법과 관련된 책으로는 처음 쓴 책이라는 점에서 내게는 감회가 남다르다. 특히, 최근 저작권과 관련하여 창작자 등이 겪는 고충이 매우 심각하기 때문에, 이런 책을 쓰는데 일말의 보람을 느낀다. 이로 인해 우리 사회가 저작권과 관련하여 조금은 더 성숙한 의식을 갖게 되기를 바라본다.

그런데 이 책을 쓰면서 감회가 남달랐던 이유가 하나 더 있다. 그것은 이 책이 나의 여동생과 처음으로 함께 쓴 책이라는 점에서 그렇다. 정유경 변호사는 고등학생 때부터 변호사의 꿈을 가지고 있었고, 나보다 2년이나 먼저 변호사가 되기도 했다. 언젠가 신문에서 애플과 삼성의 특허 분쟁을 보고 나서는, 자신도 그런 변호사가 되고 싶다고 말했던 15년쯤 전의 어느 날을 기억한다. 여동생은 대학 시절부터 갖은 노력으로 그 꿈을 향해 다가갔다.

그와 달리, 나는 변호사 같은 것은 어쩐지 재미없어 보였고, 그보다는 자유롭게 창작 활동을 하는 작가로 살고 싶은 마음이 컸다. 그래서 문학과 철학을 공부하고, 소설을 창작하거나 책을 쓰면서 20대를 보냈다. 로스쿨을 가게 된 건 서른도 넘어서였다.

작가로 10년 이상을 살았기 때문에, 변호사가 되었다고 했을 때는 많은 사람이 갑자기 왜 변호사가 되었냐고 이구동성으로 물었다. 사실, 인생에서의 모든 중요한 선택에는 한 가지 딱 잘라 말할 수 있는 이유가 있기 어렵다. 그렇지만 나는 그 선택에서 가장 중요한 이유가 되었던 게 여동생이라는 걸 알고 있다. 여동생은 로스쿨에 들어간 직후부터 계속해서 내게 변호사가 되길 권유했기 때문이다.

세상에는 크게 성공한 작가들도 있고, 그렇지 않더라도 천성적으로 작가라는 직업이 잘 맞는 사람들도 있기 마련이다. 그러나 나는 크게 성공한 작가도 아니었고, 작가로 살면서 끊임없는 불안을 견디기가 쉽지 않았다. 수입과 성취를 비롯한 현실적인 모든 부분이 매우 불안정했고, 그럴수록 삶에 대한 신념도 흔들리는 듯 느껴졌다. 더군다나 사랑하는 사람이 생기고, 나의 사랑을 책임지고 지키고 싶다고 생각했을 때는 나 스스로 무엇보다 '안정감'을 가져야 한다고 절실히 느꼈다.

그 무렵부터 '자유롭게 창작만 하며 사는 작가'로서의 이상을 접어두고, 부지런히 언론사나 출판사 취업을 알아보기도 하고, 고정적인 벌이를 찾아 여러 일들을 해보기도 했다. 여동생은 그렇게 다소 방황하던 서른 무렵의 나를 보며, '로스쿨로 오라'고 계속 이야기했다. 이곳은 항상 읽고 쓰고 논쟁하는 일을 하는 곳이라고, 누구보다도 내게 그 일이 어울릴 거라면서 말이다. 학비도 국립대는 비싸지 않고, 장학금도 받을 수 있다면서 적극적으로 권유해주었다.

그렇게 나는 로스쿨에 한 번 도전해보았으나 떨어졌고, 한 해 더 방황을 거치다가 두 번째 입시에 성공하게 되었다. 로스쿨에 들어가 마이너스 통장을 쓰던 여동생을 위해 노트북을 사준 적이 있었는데, 반대로 내가 로스쿨에 들어간 뒤에는 여동생이 이따금 용돈 같은 선물을 보내주기도 했다. 현실적으로는 결혼과 육아에, 모아놓은 돈과 장학금으로 간신히 버틴 생활이었지만, 그래도 운 좋게 그 모든 일을 이겨낸 셈이다.

어렸을 적만 하더라도, 나는 내가 여동생의 두 번째 아빠나 다름없어서, 여동생을 키운 것이나 마찬가지라고 믿고 있었다. 여동생에게 한글과 영어를 가르친 것도 나였고, 여동생이 그토록 좋아하는 지브리 애니메이션 같은 걸 알려준 것도 나였으니 말이다. 그러나 나이가 들어서 보니, 어느덧 여동생이 내 삶을 이끌어온 것 같기도 하다. 여동생이 하고 싶다며 앞장서 나갔던 '지식재산권 분야 변호사'를 어느덧 나도 하고 있으니 말이다.

어린 시절, 우리는 동네에서 가장 사이좋은 남매로 유명했다. 어디를 가나 함께 손잡고 다니면서 경비 아저씨를 비롯하여 온 동네 이웃들에게 멀리서부터 "안녕하세요!" 소리치는 '인사 좋아하는 남매'였다. 어쩌면 이렇게 어른이 된 시점에서, 둘이 함께 책을 내놓는 것도 이 세상 사람들에게 20~30년 만에 그 시절의 인사를 다시 하는 것처럼 느껴지기도 한다. 그 시절, 우리가 인사하면 세상 모든 어른이 웃어주었다. 이 책도 누군가에게는 그런 웃음, 혹은 작은 위안, 혹은 어떤 의미가 되기를 바라본다. 이 책이 어느 누군가의, 당신의, 우리의 문화를 지키고 기여하는 이슬 한 방울이 되었으면 한다.

정지우

국가법령정보센터www.law.go.kr에서 '저작권법'을 검색하면 전문을 볼 수 있습니다.

"우리는 모두 저작권자다!"

우리 모두의 소중한 권리인 저작권의 중요성을 알리고 보호하기 위해 독자들의 한마디를 담았습니다. 참여해주신 모든 분들께 감사의 말씀을 전합니다.

저작물을 불법으로 다운받지 않고 정식 플랫폼에서 구매 후 이용해달라는 웹툰 작가님들의 호소를 각종 SNS에서 거의 매일 봅니다. 그만큼 저작권을 위협받고 있다는 방증이겠지요. 작품의 퀄리티를 보면 웹툰 작가들이 잠은 자는지, 밥은 먹는지, 손목은 버틸 만한지 걱정될 만큼 훌륭합니다. 저작권을 지키는 일은 작가와 작품에 대한 최소한의 예의라고 생각합니다.

_한정선(인권활동가)

저는 교육 콘텐츠를 기획하고 개발하는 사람입니다. 출처를 표기하지 않고 콘텐츠를 무단으로 도용하거나 자기 것인 양 가져다 쓰는 일을 종종 목격하고는 합니다. 저작권에 대해 성숙한 인식을 가진 사회가 되면 좋겠습니다.

_권노아(교육기획자, 리더십 코치)

저는 심리검사를 개발하는 연구원입니다. 심리서비스 업체에서 타 기관의 심리검사 문항을 함부로 사용하기도 하고, 검사를 받은 분들이 검사 문항을 그대로 온라인에 게시하는 경우도 많습니다. 심리검사도 저작권이 있음을 사람들이 인식하게 되면 좋겠습니다.

_이지안(연구원, 임상심리전문가)

한 예술가 개인으로서, 최근에 저작권 관련해 불공정한 계약을 강요받았던 경험이 있습니다. 막상 겪으니 저작권이 어떤 권리인지 잘 모를 수 있겠다 싶기도 했고요. 저작권이 무엇인지 알아야 창작자 역시 본인의 권리를 제대로 지킬 수 있겠다는 생각을 많이 합니다. 창작자 자신을 지킬 수 있는 것은 결국 자신뿐입니다.

_고현정(화가)

발표 시간에 아무렇지도 않게 논문의 내용을 복사해서 사용하는 학생들을 보며 안타까웠습니다. 논문도 엄연히 저작권이 있는데 말이죠. 곧 사회생활을 시작하는 학생들부터가 타인의 관련 권리에 대해 무지한 것 같습니다. 타인의 저작권을 존중하고 나의 권리도 보호받는 사회가 되었으면 합니다.

_박정신(전 대학교수)

인터넷에서 검색한 내용을 마치 본인이 생산한 듯 착각하는 사람들이 많은 것 같아요. 원작자는 적잖은 시간을 투입하여 쓴 글을 복사, 붙여넣기 하면서도 아무 거리낌 없는 사람들을 보면 제 글이 아닌데도 화가 납니다. 심지어 훔친 글을 사내 인트라넷에 날짜, 숫자 정도만 수정해서 올리는 무식하고 용감한 사람들… 저작권법 망치로 쾅 때려주고 싶네요.

_김현(회사원)

교육 현장에서는 폰트 저작권 침해 사건이 빈번합니다. 폰트 관련 저작권법이 교육 현장에서만큼은 우호적이고도 융통성을 발휘하여 적용되었으면 합니다. 창작자의 가치를 수호할 마지막 보루인 저작권에 대한 우리 사회의 저작 감수성이 성장하기를 바랍니다.

_박승현(초등교사)

저는 건축가로서 실제 저작권 침해를 정부, 방송국, 언론 등을 통해 받은 경험이 있습니다. 가장 저작권을 지켜주어야 할 기관에서 오히려 저작권에 대해 극심한 왜곡 상태라는 점을 알리고 싶습니다. 저작권에 대한 잘못된 인식과 정책 등의 변화가 반드시 필요하다고 봅니다.

_전이서(건축가)

홍보 업무를 담당했던 사회복지사입니다. 처음 업무를 담당했을 때, 사회 변화와 공익을 목적으로 한다는 '가치'를 방패 삼아 저작자 동의 없이 저작물을 사용했었습니다. 영리 목적이 아니고 공익을 위한 경우라면 사용 가능하다는 것을 어디선가 본 적 있기 때문이죠. 하지만 사회복지 시설에서도 폰트 등 저작권 위반 사례가 있다는 걸 알게 되었습니다. 창작자들의 활동이 지속가능한 사회가 되는 것 또한 '가치' 안에 포함되도록 고민이 필요한 시점입니다.

_김재용(사회복지사)

신인 창작자들은 경험이 많거나 유명한 창작자에 비해 저작권을 제대로 알지 못한 채 불합리한 조건으로 계약하기 쉬운 환경에 놓여 있습니다. 앞으로도 창작자는 다양한 분야에서 활동하게 될 텐데 모든 창작자가 알 권리를 비롯한 정당한 권리를 누리면 좋겠습니다. 이 책이 건강한 저작권 생태계를 만드는 데 큰 도움이 되리라 기대합니다.

_이슬기(읽고 쓰고 말하는 노마드 노동자. 《일인분의 삶》 저자)

누군가에겐 온 맘 바쳐 만든 정말 귀중한 작품일 겁니다. 우리가 존중해주어야 문화가 발전하고 문화를 통해 즐거움을 느낄 것입니다. 다양한 분야의 작품을 느끼고 즐거워할 수 있도록 우리 모두를 위해 저작권에 관심을 가집시다.

_최재석(유치원 교사)

글을 쓰는 작가 그리고 글쓰기 모임을 운영하는 사람으로서 한 개인이 쓴 글이 얼마나 진하게 그 사람을 담아내고 있는지, 그 삶을 반영하고 있는지 매번 확인합니다. 개인의 고유한 창작물이 정말 귀하게 존중받는 사회가 되기를 바랍니다.

_이설아(《모두의 입양》 저자, 글쓰기 모임 운영자)

번역물에도 2차적 저작권이 발생하는데요, 누가 저의 번역물을 자신의 것처럼 사용한다는 생각만으로도 끔찍합니다. 저작권 침해는 누군가의 영혼을 떼어가는 행위라고까지 할 수 있을 것 같아요. 저작권을 지켜나가는 여정에 함께하길 바랍니다.

_박지영(통번역가, 《통역사로 먹고살기》 저자)

저의 동의를 구하지 않은 사진을 타 매체에서 쓴 것을 보고 굉장히 불쾌하고 기분이 좋지 않았습니다. 적절한 대응 방법을 몰라 속만 썩인 적이 있었죠. 개인의 지적재산권을 소중히 여기는 공정사회, 타인의 노력을 폄하하지 않는 사회가 되길 바랍니다.

_김소라(작가, 시민기자)

ChatGPT와 같은 AI의 발달로 사람만이 가능하다 믿었던 콘텐츠 개발 영역에도 경고등이 들어왔습니다. 더군다나 그 속도는 놀라울 정도로 빠릅니다. 가까운 미래에 나의 콘텐츠와 권리를 지키기 위해서 저작권 공부는 필수가 될 것입니다.

_송유수('주머니시' 시리즈 제작자)

문학, 음악, 미술, 게임을 막론하고 저작권과 관련된 문제가 없는 곳이 드물지만, 정작 종사자들의 저작권에 대한 이해는 한계가 있는 것이 현실입니다. 창작자들이 자신의 올바른 권리를 지키는 데 이 책이 도움이 될 수 있기를 기원합니다.

_정희권(보드게임 제작사 대표, 작가)

'ChatGPT는 수행평가를 집어삼킬 것인가.' 벌써부터 고민하고 계신 선생님들이 많습니다. 인공지능의 등장 이전에도, 수

행평가에서 완벽히 같은 문장들을 적은 학생들을 만날 수 있었습니다. 간편한 검색만으로 생각을 대체하는 이 편리한 세상 속에서 수업의 근본 목적인 '생각하는 힘'을 기르기 위해서라도 저작권은 반드시 지켜져야 합니다.

_이재호(고등학교 국어교사)

'조직 구성원으로 일하는 기간 동안 만든 창작물의 저작권은 누구에게 귀속되는가?' 하는 질문에 대한 답이 점점 쉽지 않은 시대를 살고 있습니다. 마치 지상권과 공중권의 경계에 대해 이야기하는 것처럼, '구성원 개인의 산출물이냐, 조직의 산출물이냐'의 경계를 법적으로 살펴보는 것도 실질적이고 의미 있는 논의가 되지 않을까 생각합니다.

_황정연(대기업 HR 매니저)

앤디 워홀의 작품 〈오렌지 프린스〉와 '프린스' 시리즈가 저작권 침해라는 대법원 판결이 나왔다고 합니다. 타인의 사진 예술을 빌려와 간단하게 변형해 2차적저작물을 생산하는 문제에 대한 경종을 울리는 사건인 것 같습니다. 예술 전반의 2차적저작물에 대한 저작권 기준이 제대로 마련되어야 할 때가 되었다고 생각합니다.

_오순(예술을 좋아하는 1인)

1판 1쇄 2023년 7월 3일
1판 2쇄 2024년 7월 3일

© 정지우·정유경

지은이 ♦ 정지우·정유경
펴낸이 ♦ 고우리
펴낸곳 ♦ 마름모
등 록 ♦ 제 2021-000044호 (2021년 5월 28일)
팩 스 ♦ 02-6488-9874
메 일 ♦ marmmopress@naver.com
블로그 ♦ blog.naver.com/marmmopress

ISBN ♦ 979-11-978269-4-8 (03360)

평행하는 선들은 결국 만난다 ♦ 마름모